I0698395

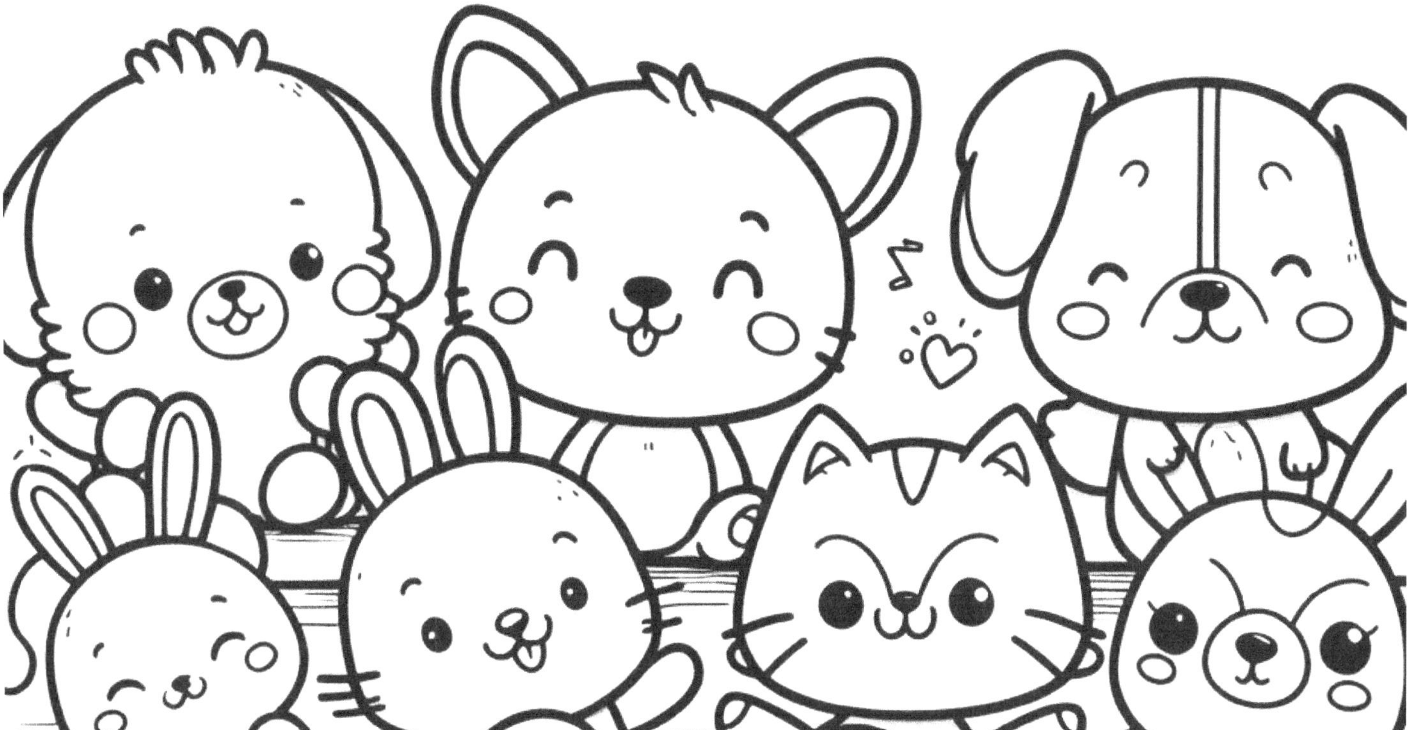

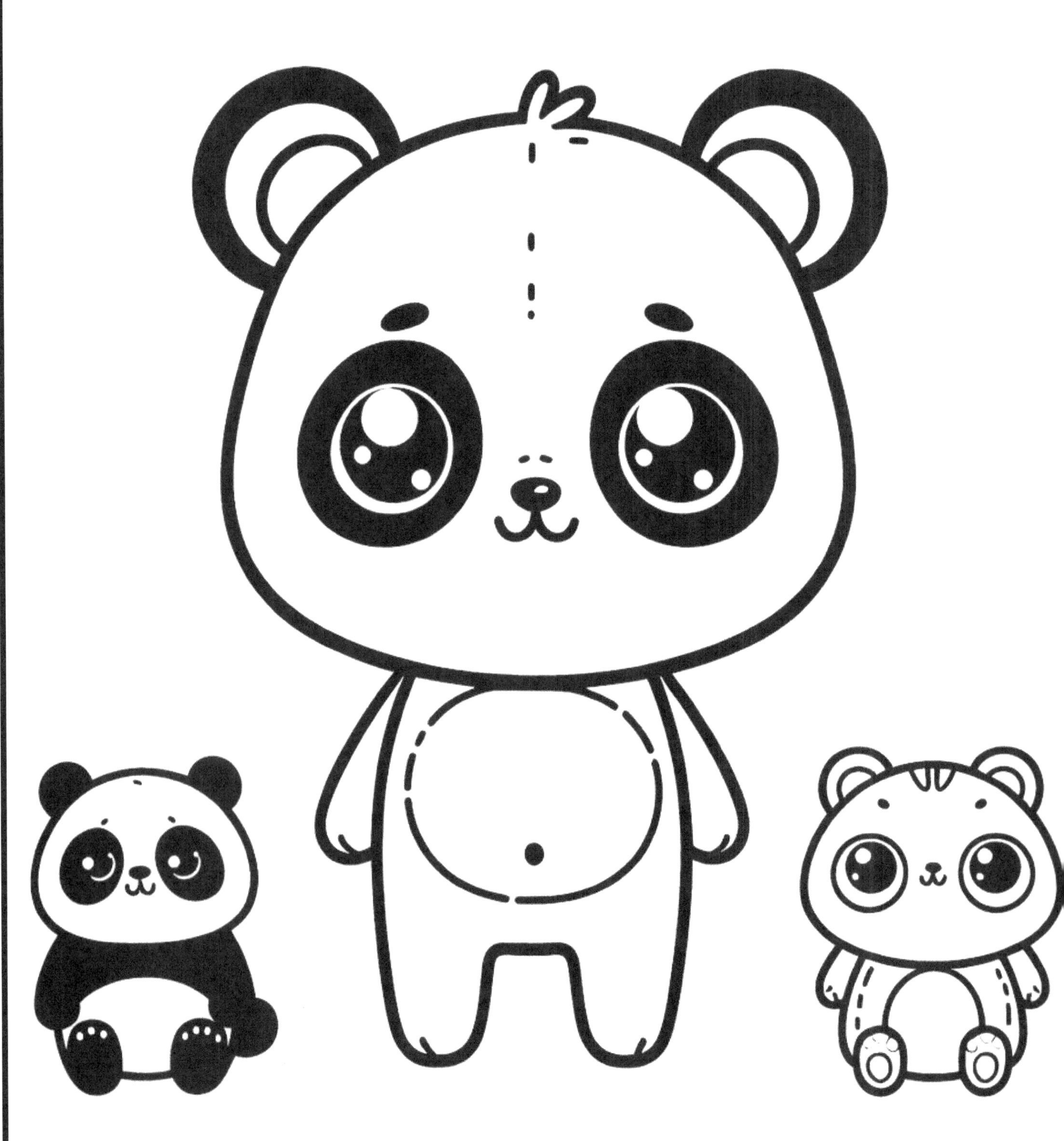

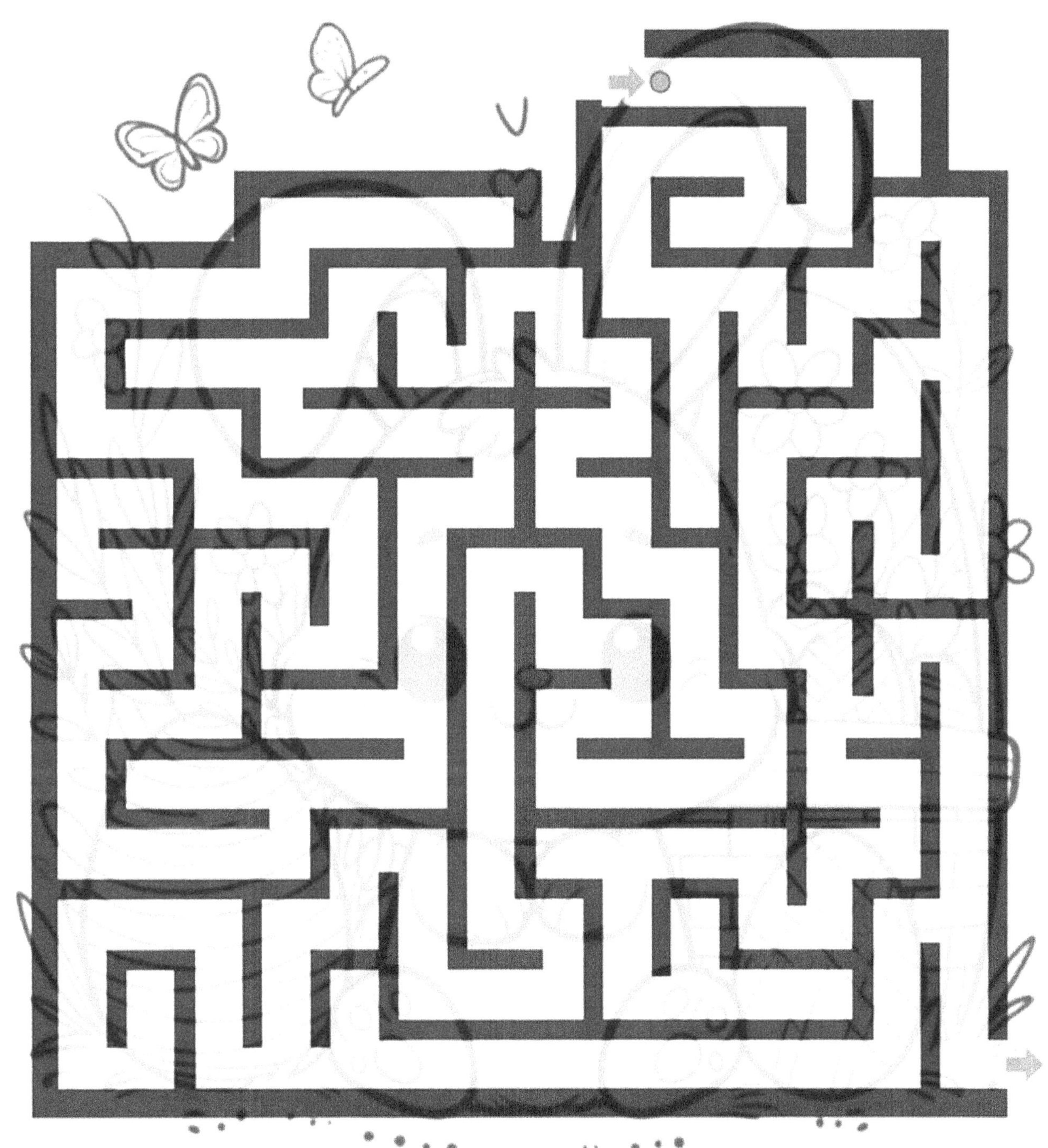

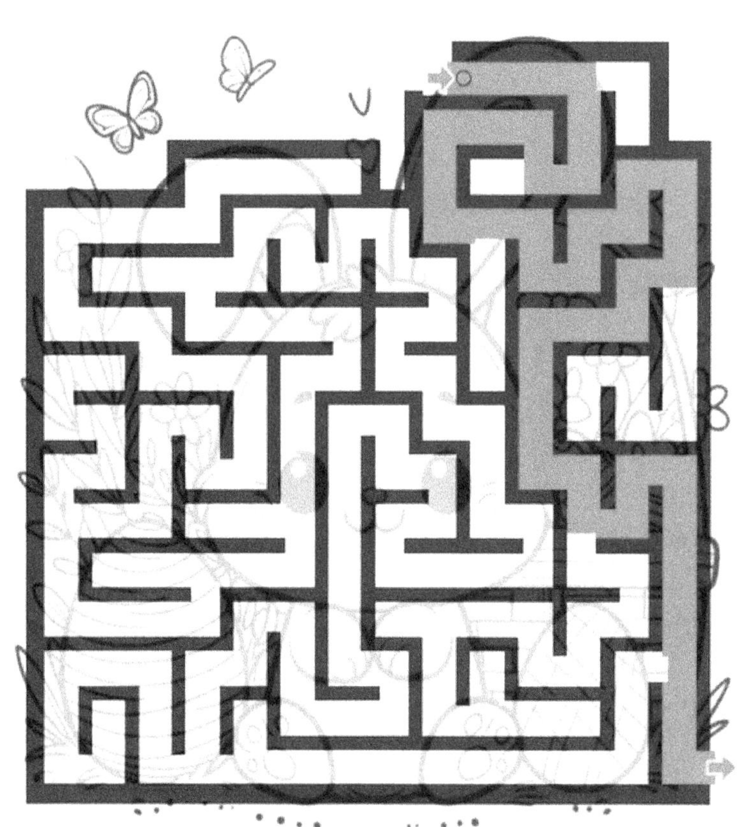

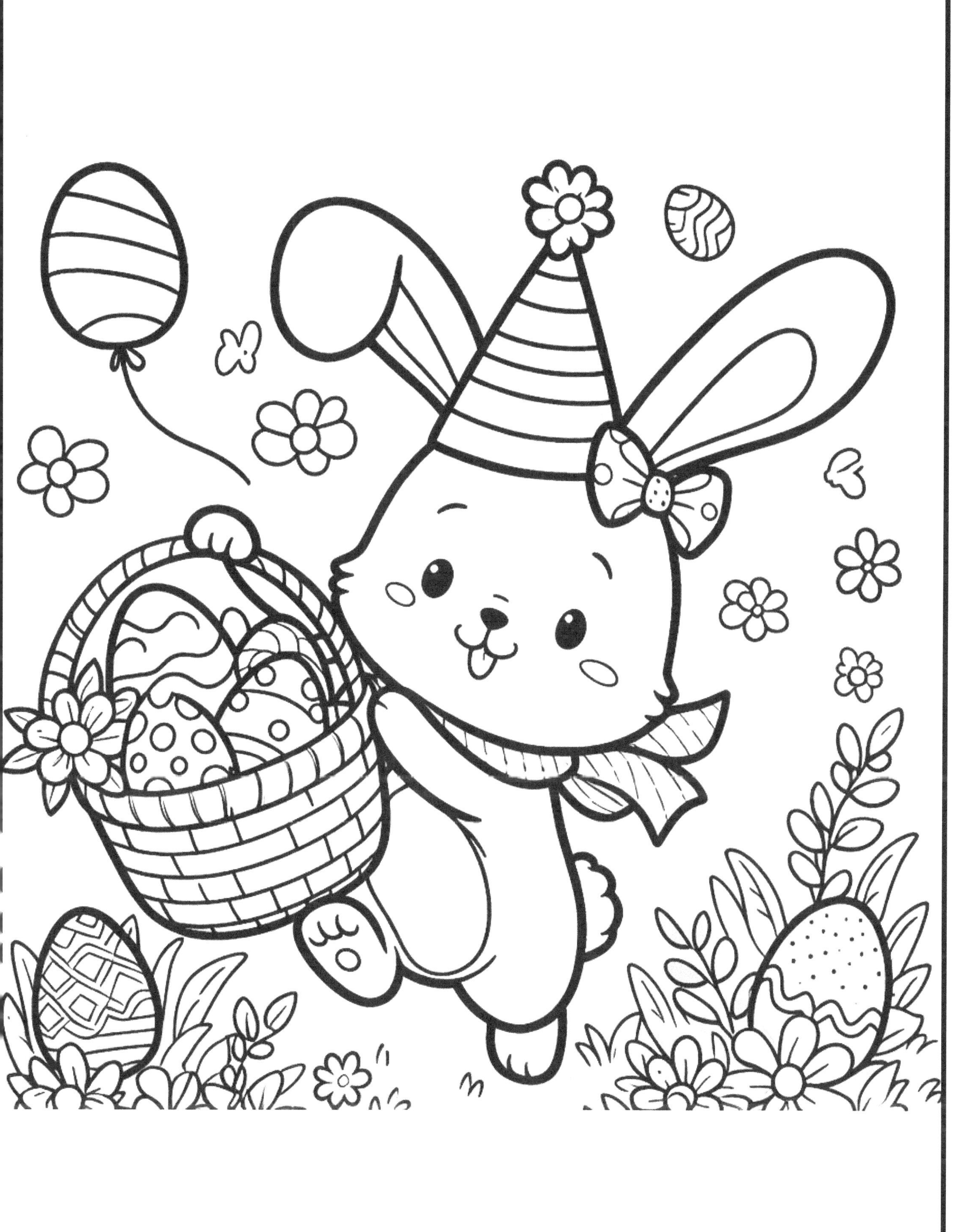

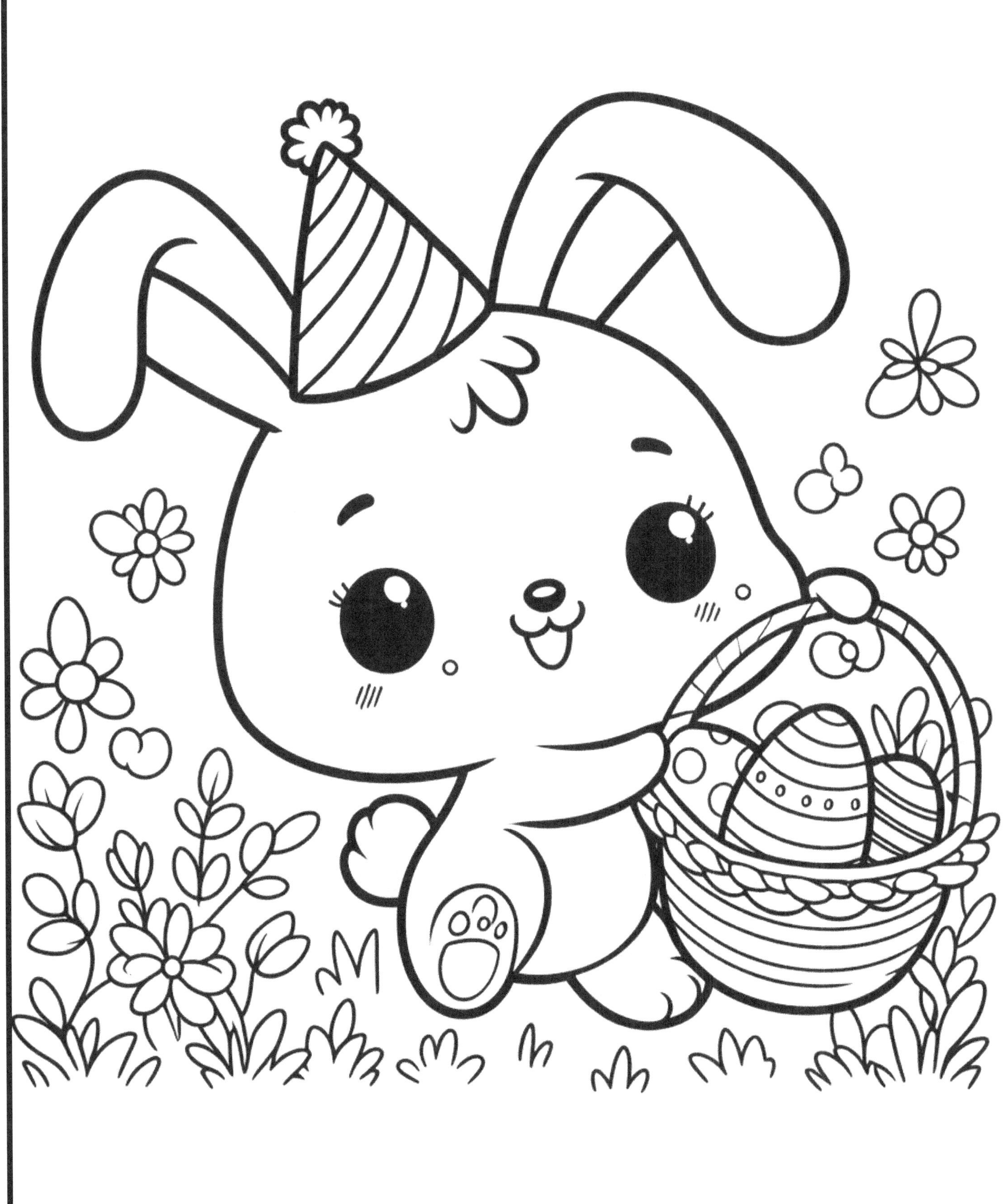

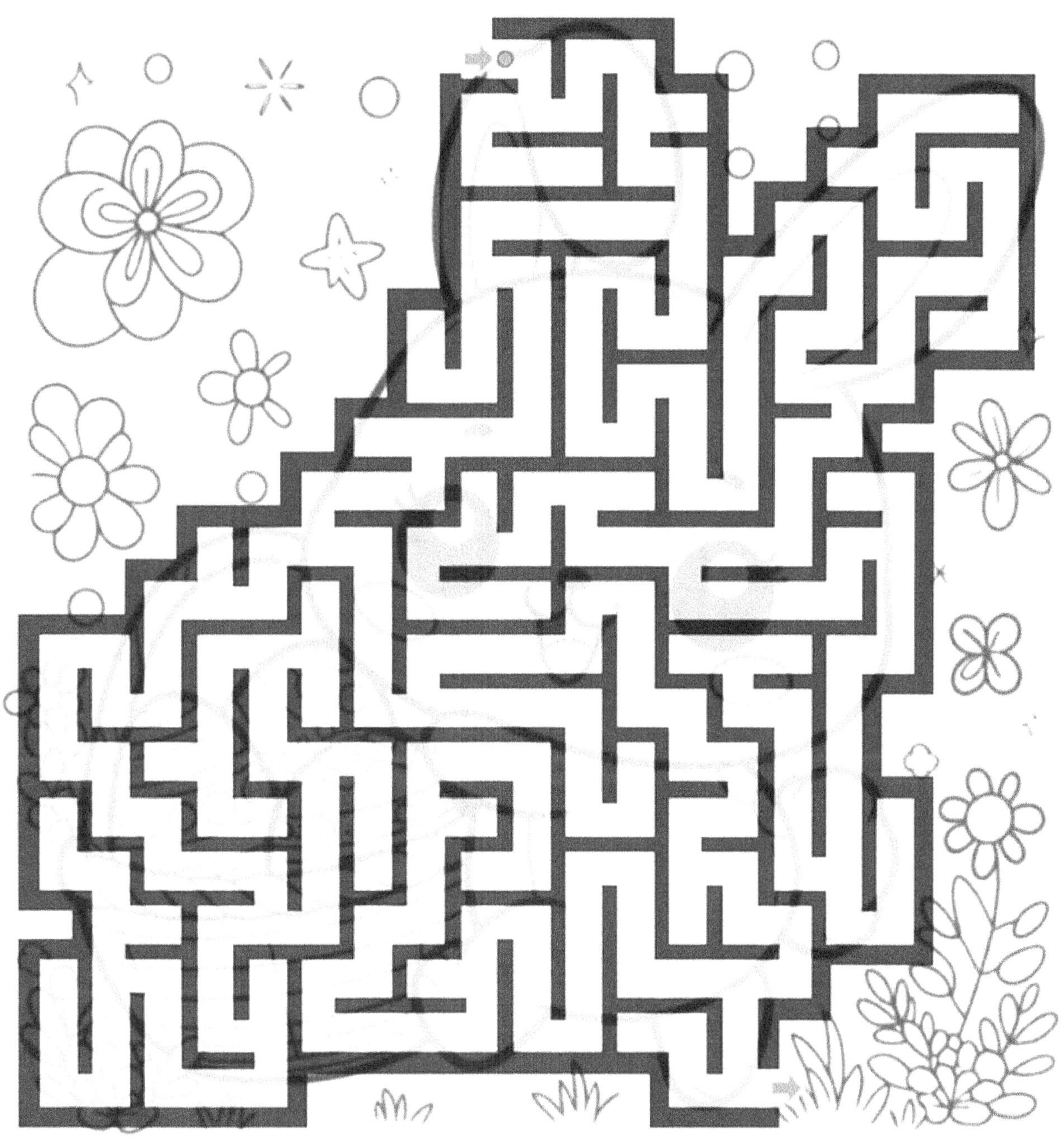

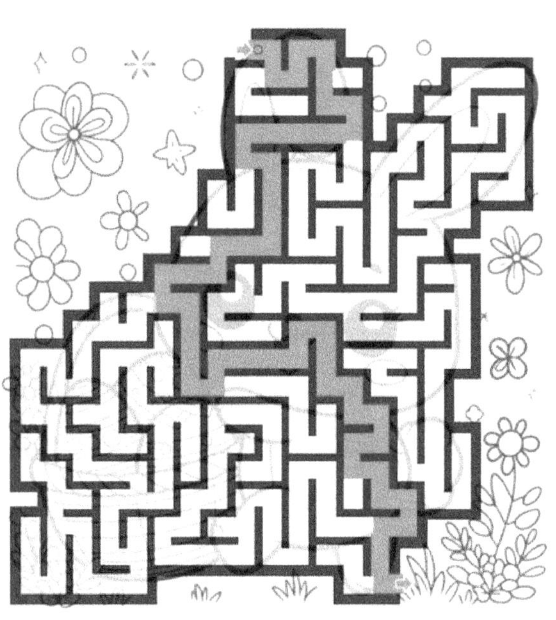

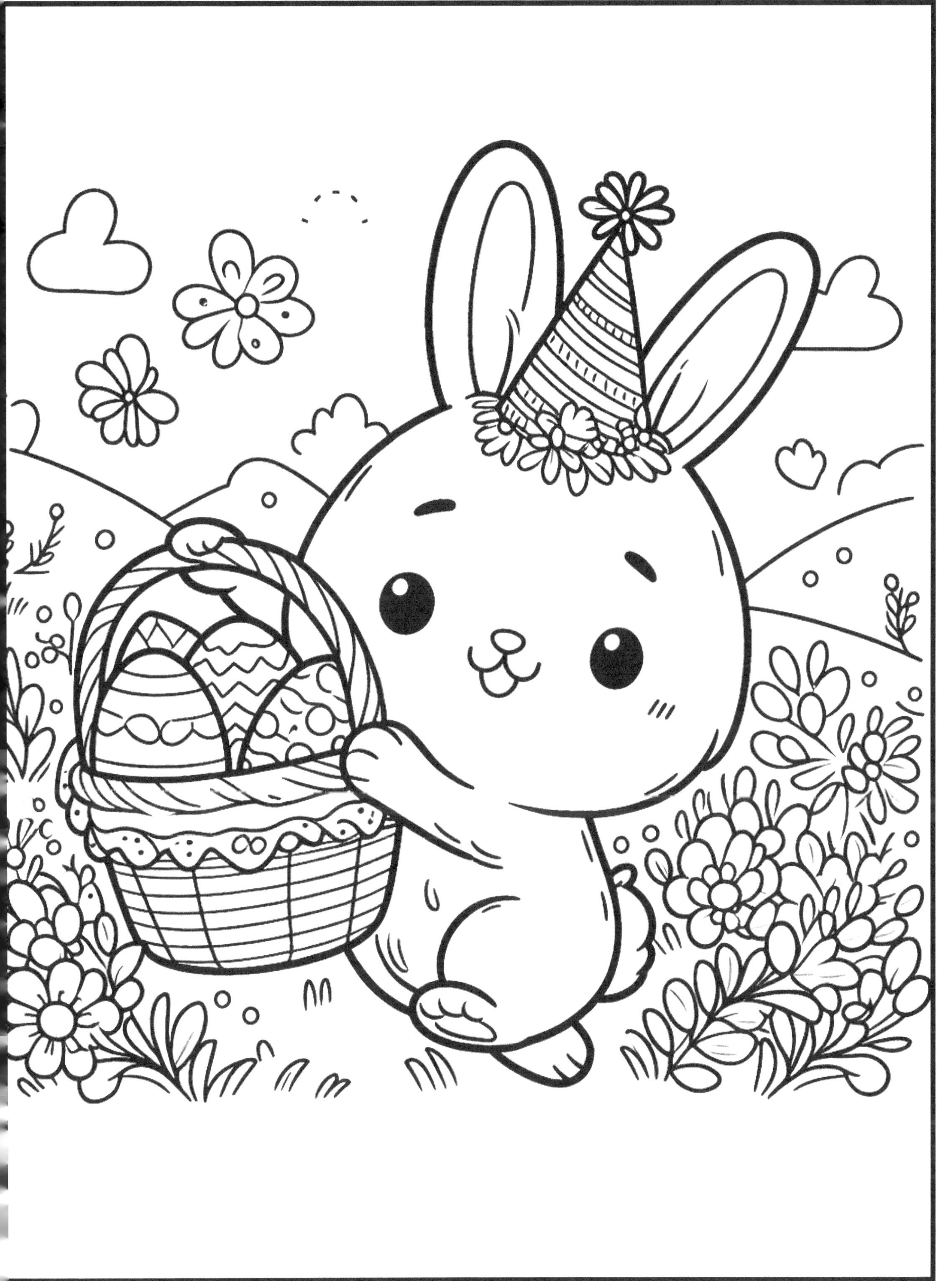

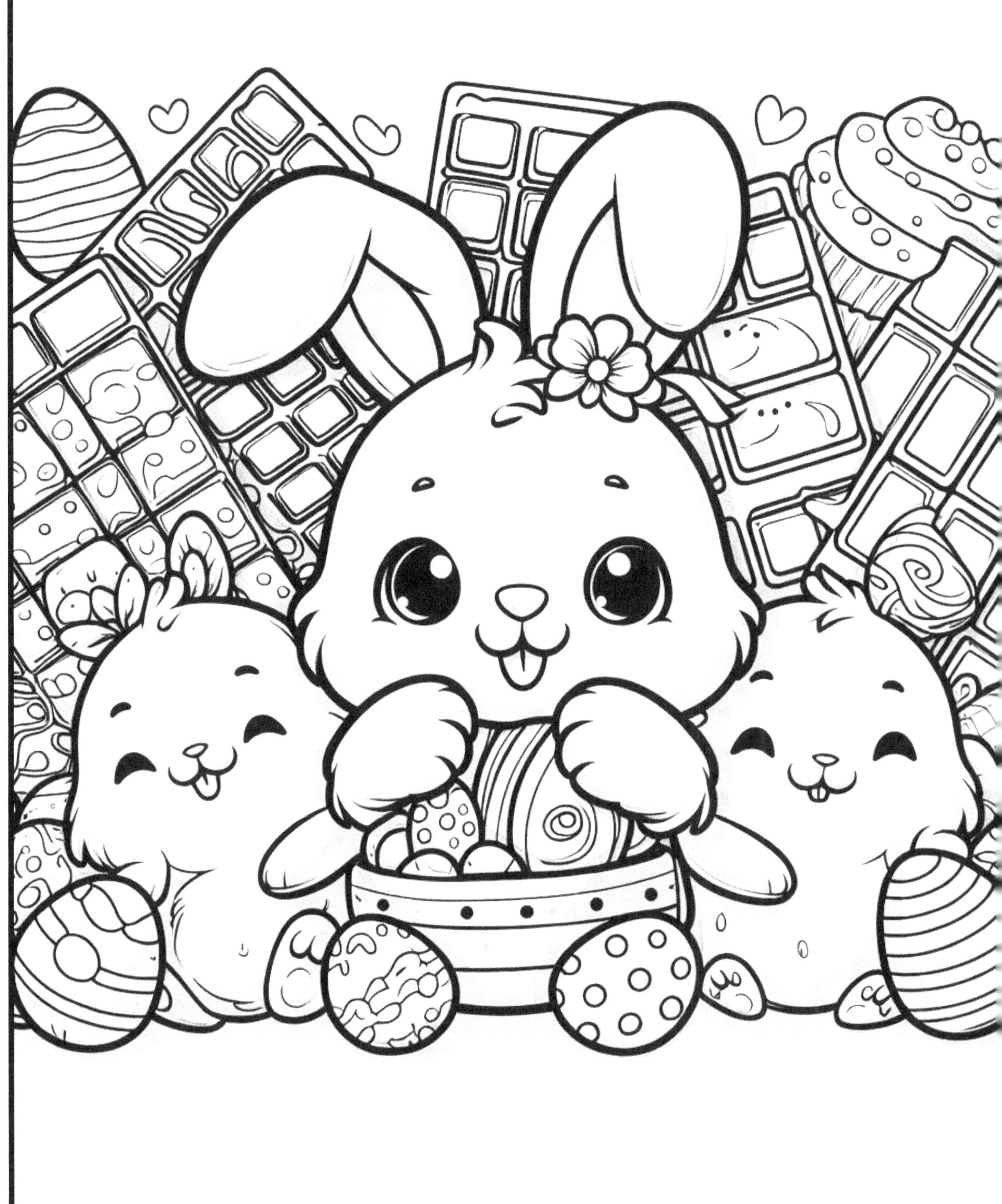

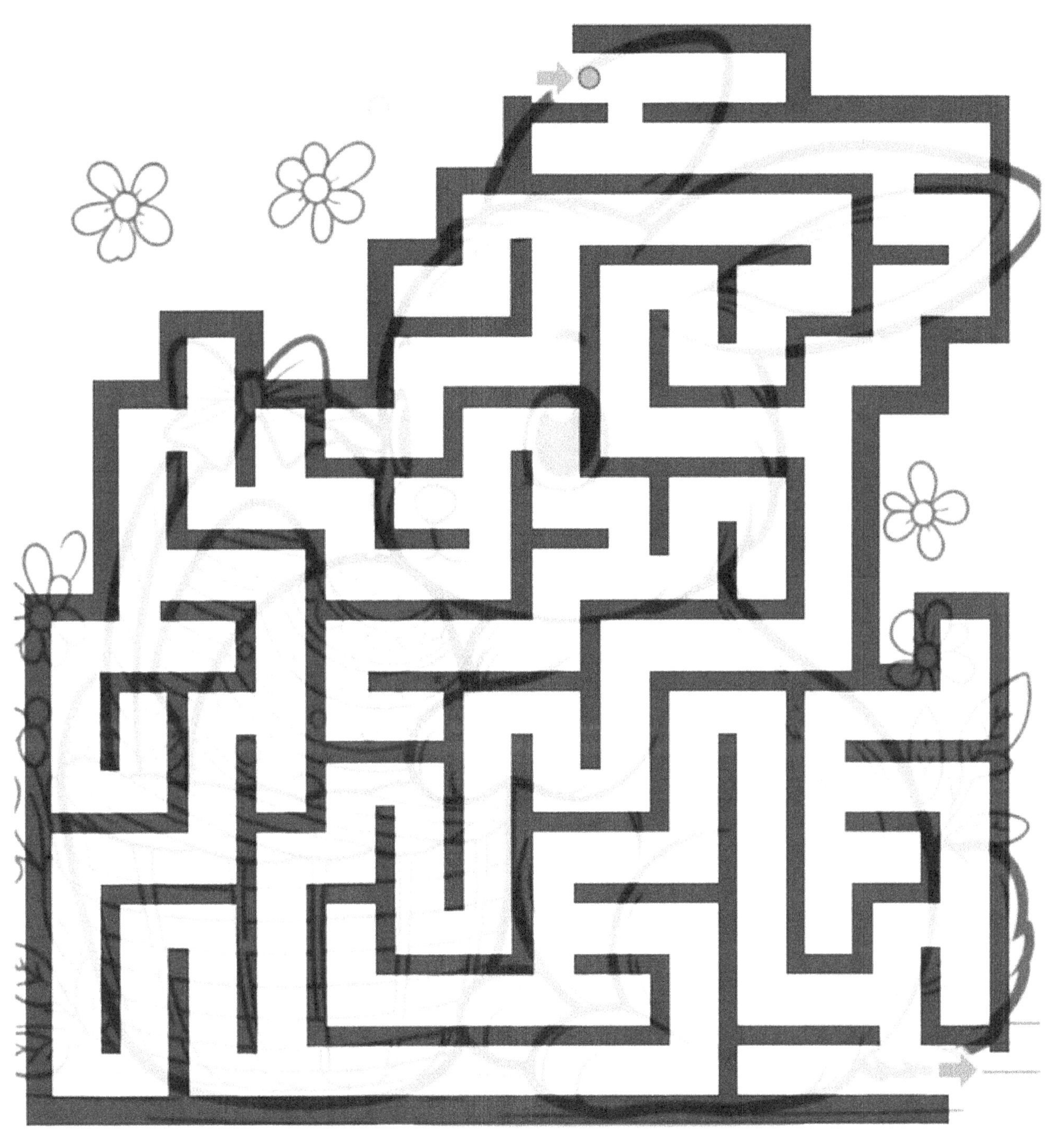

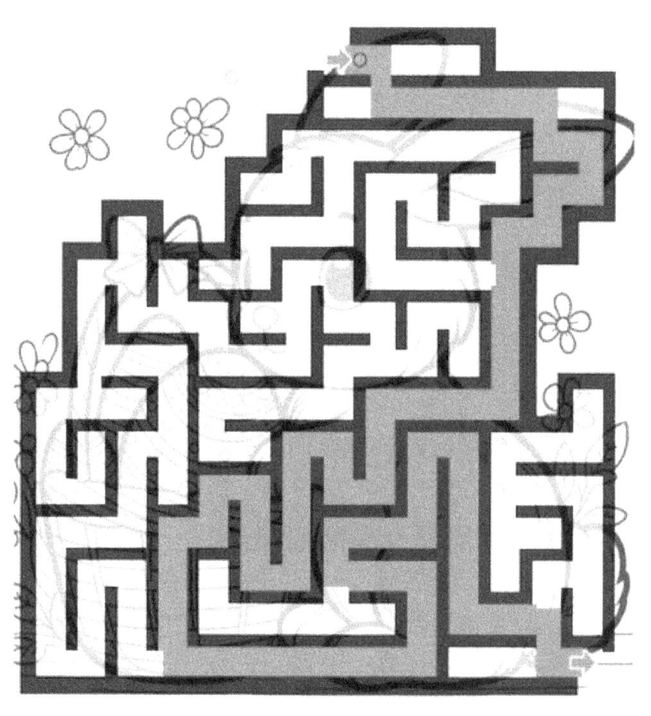

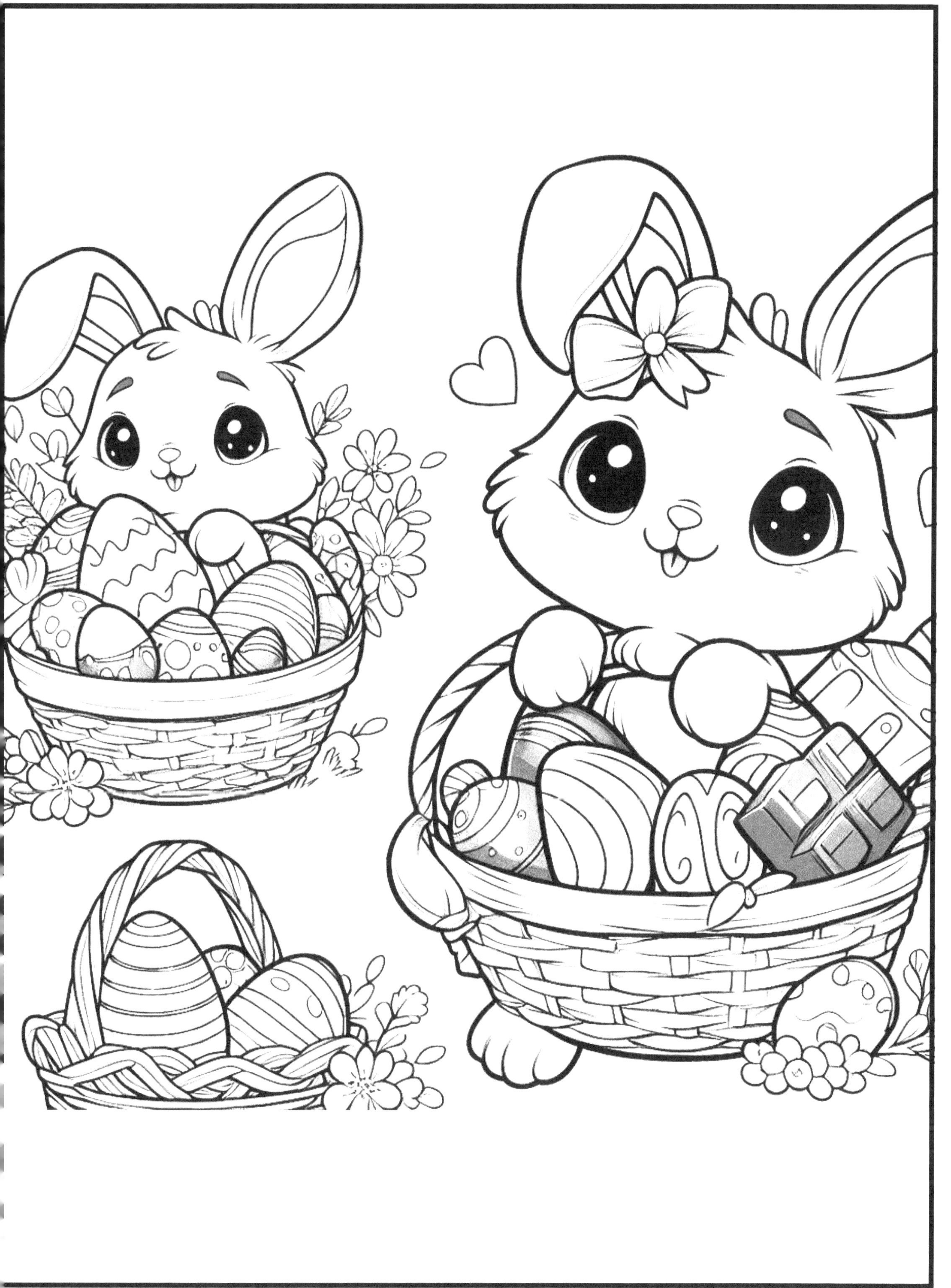

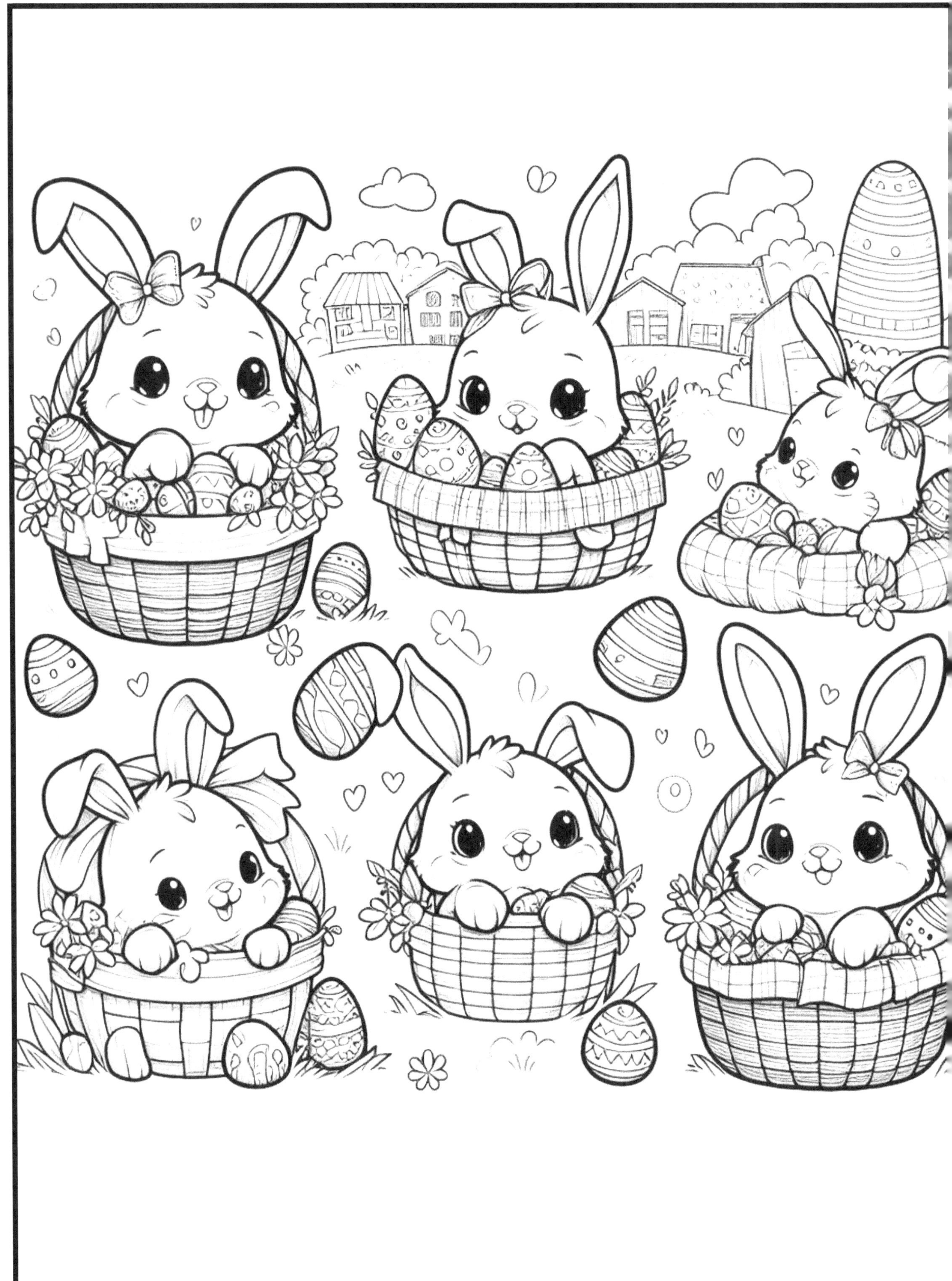

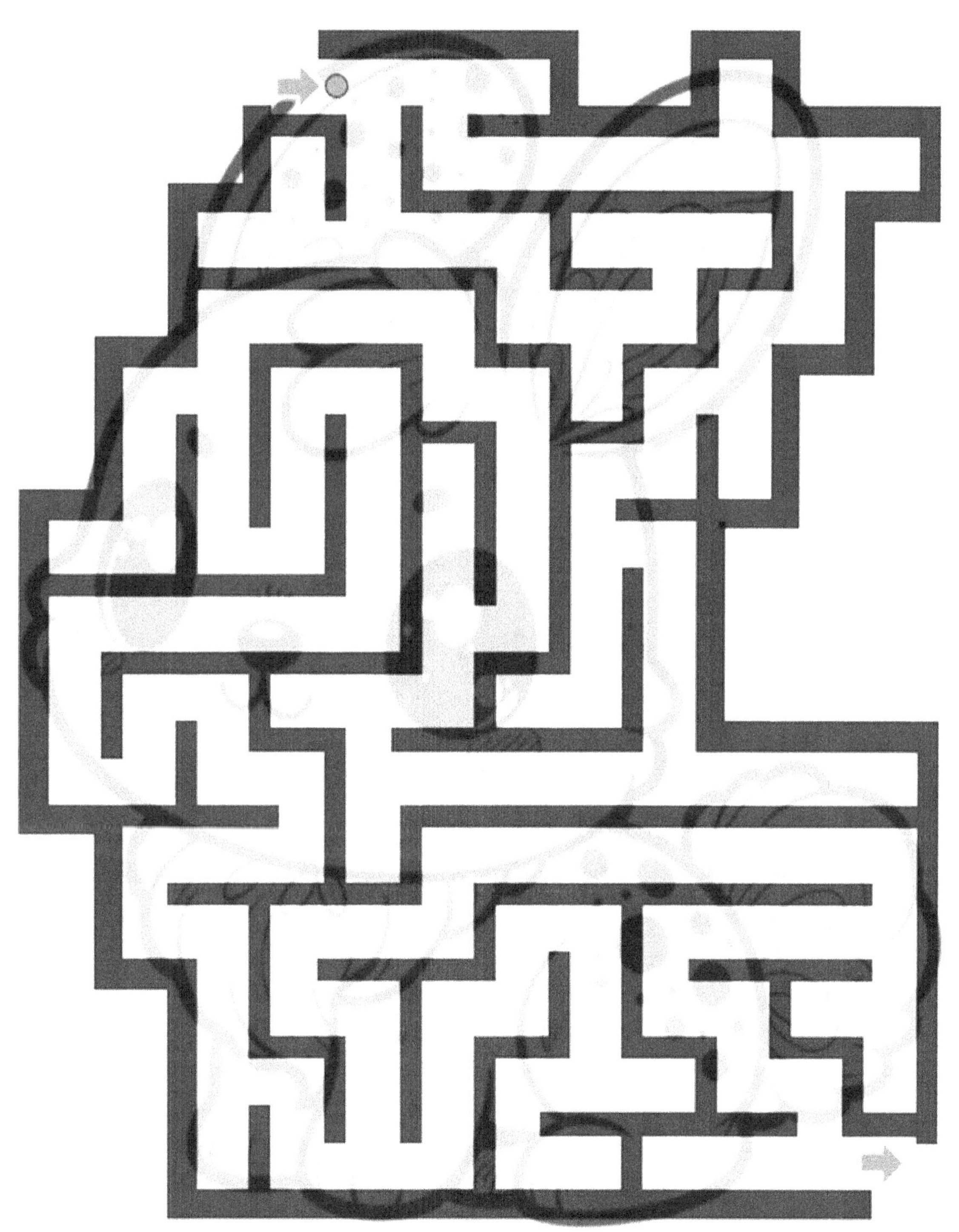

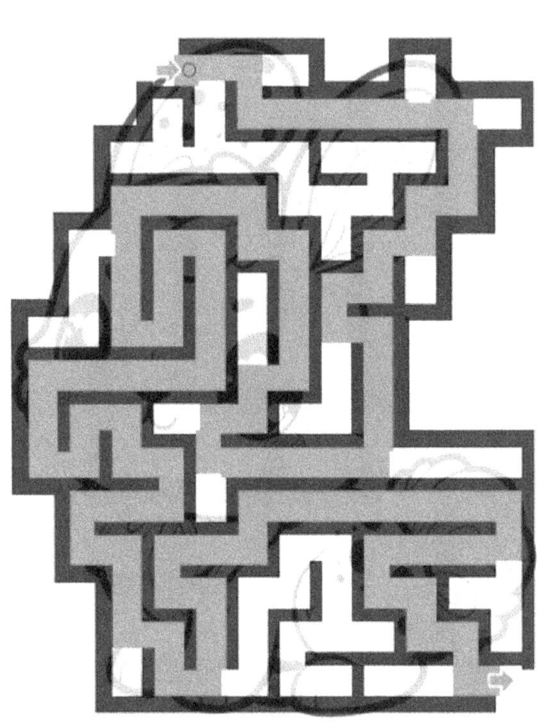

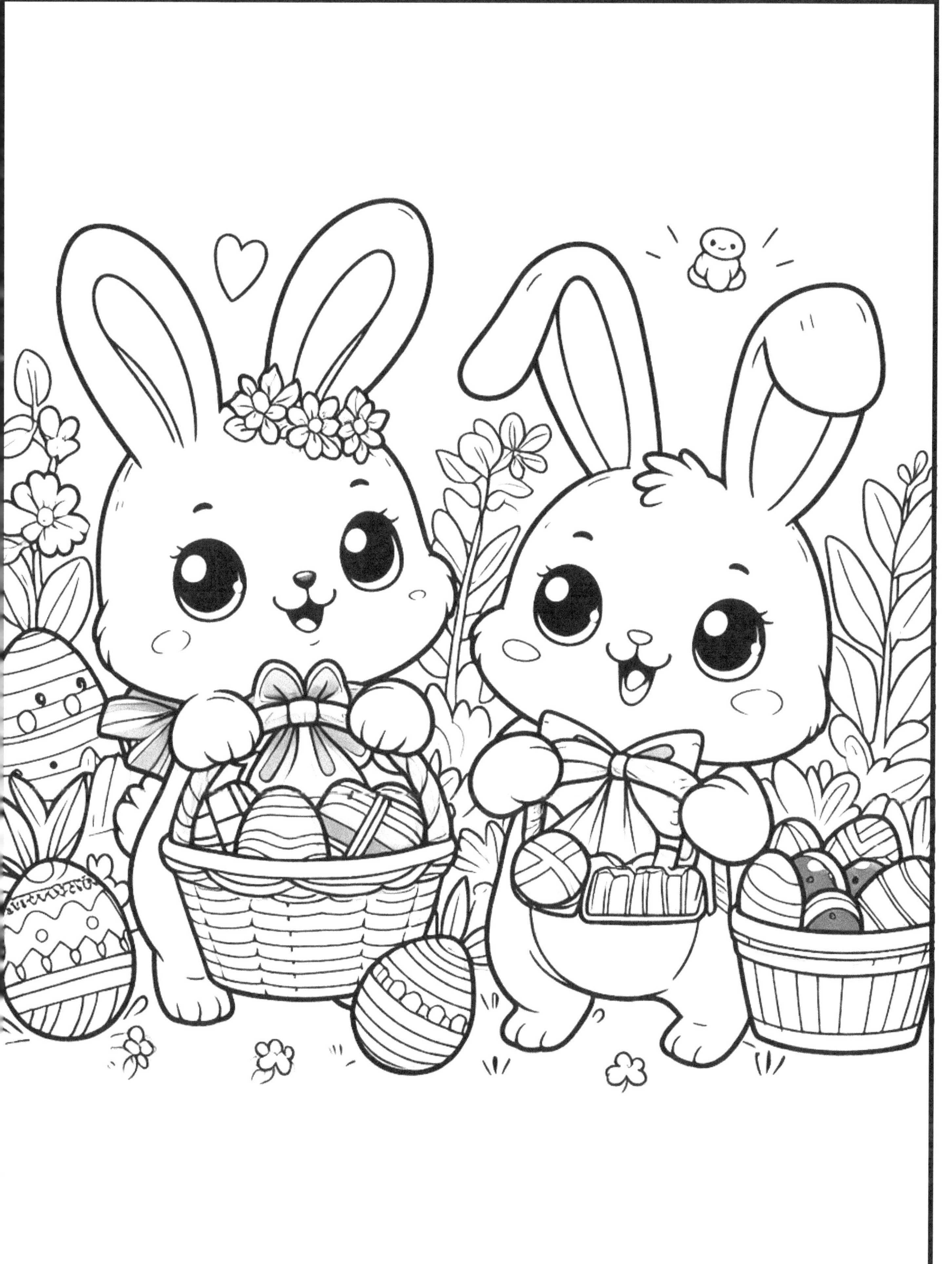

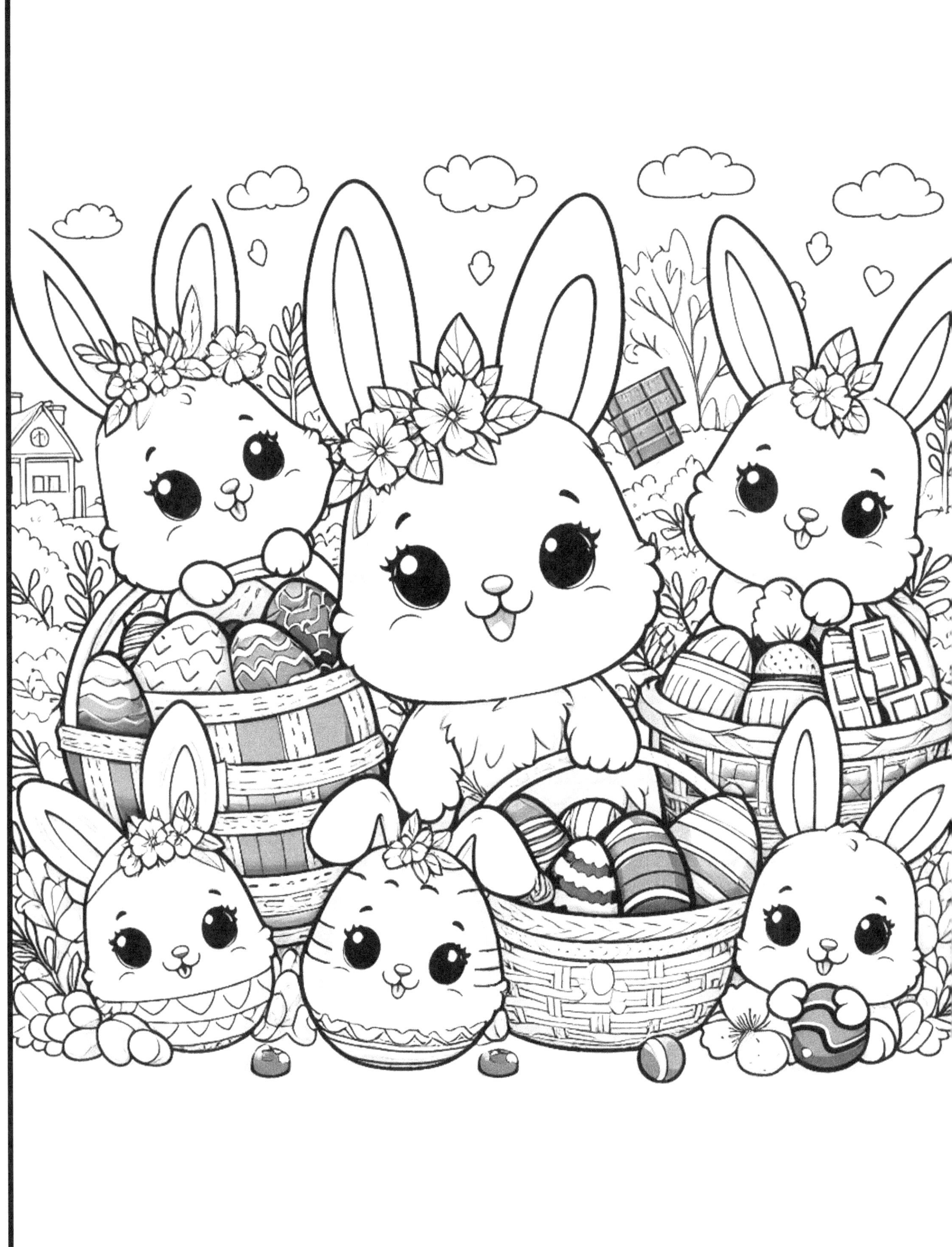

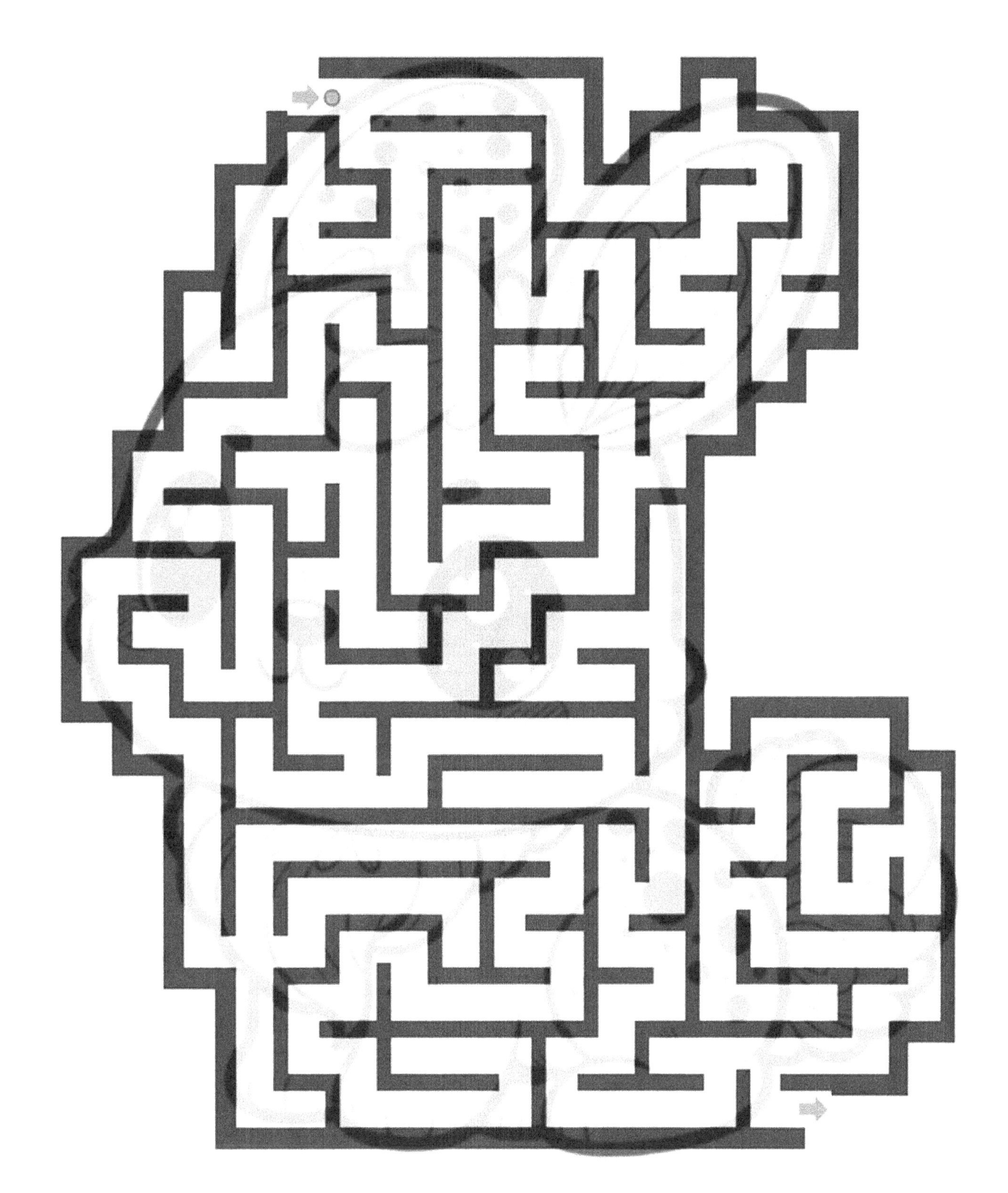

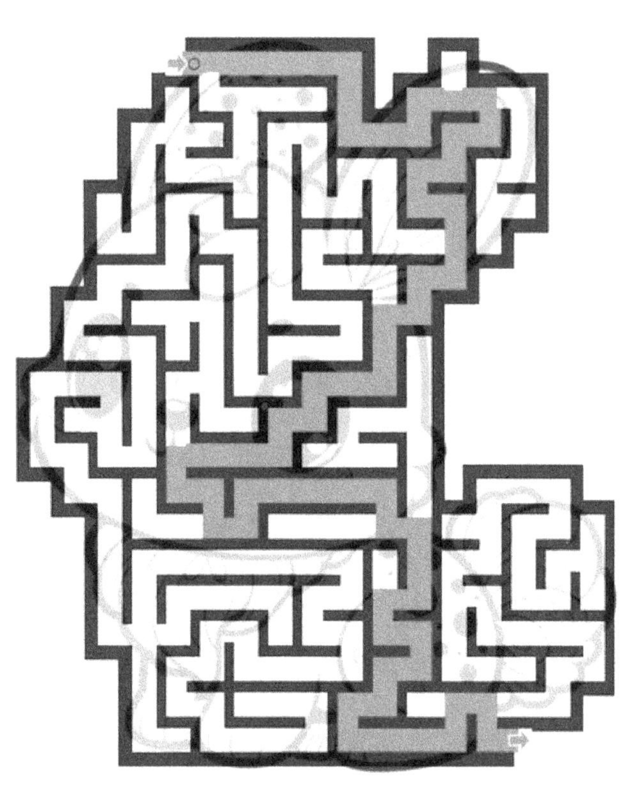

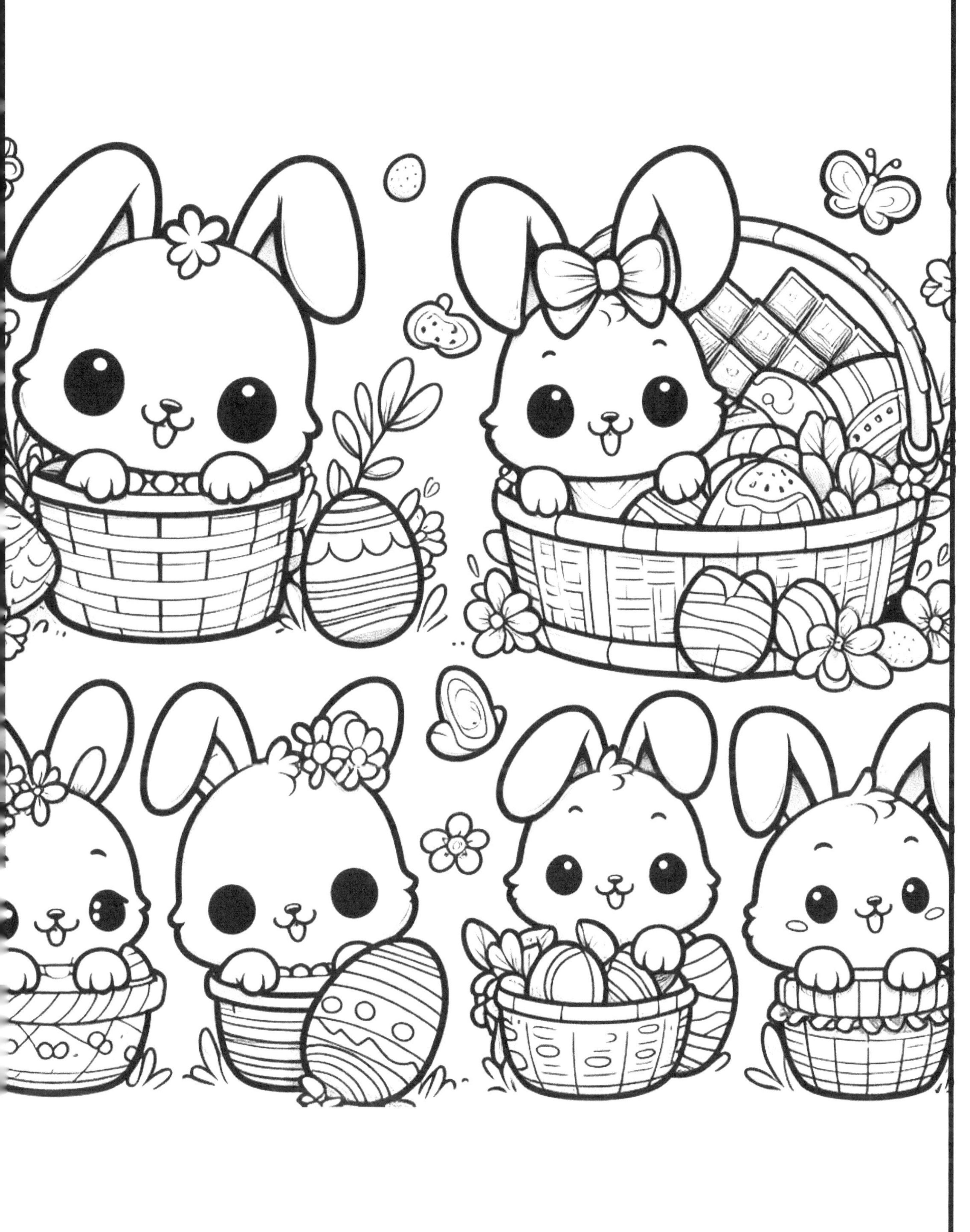

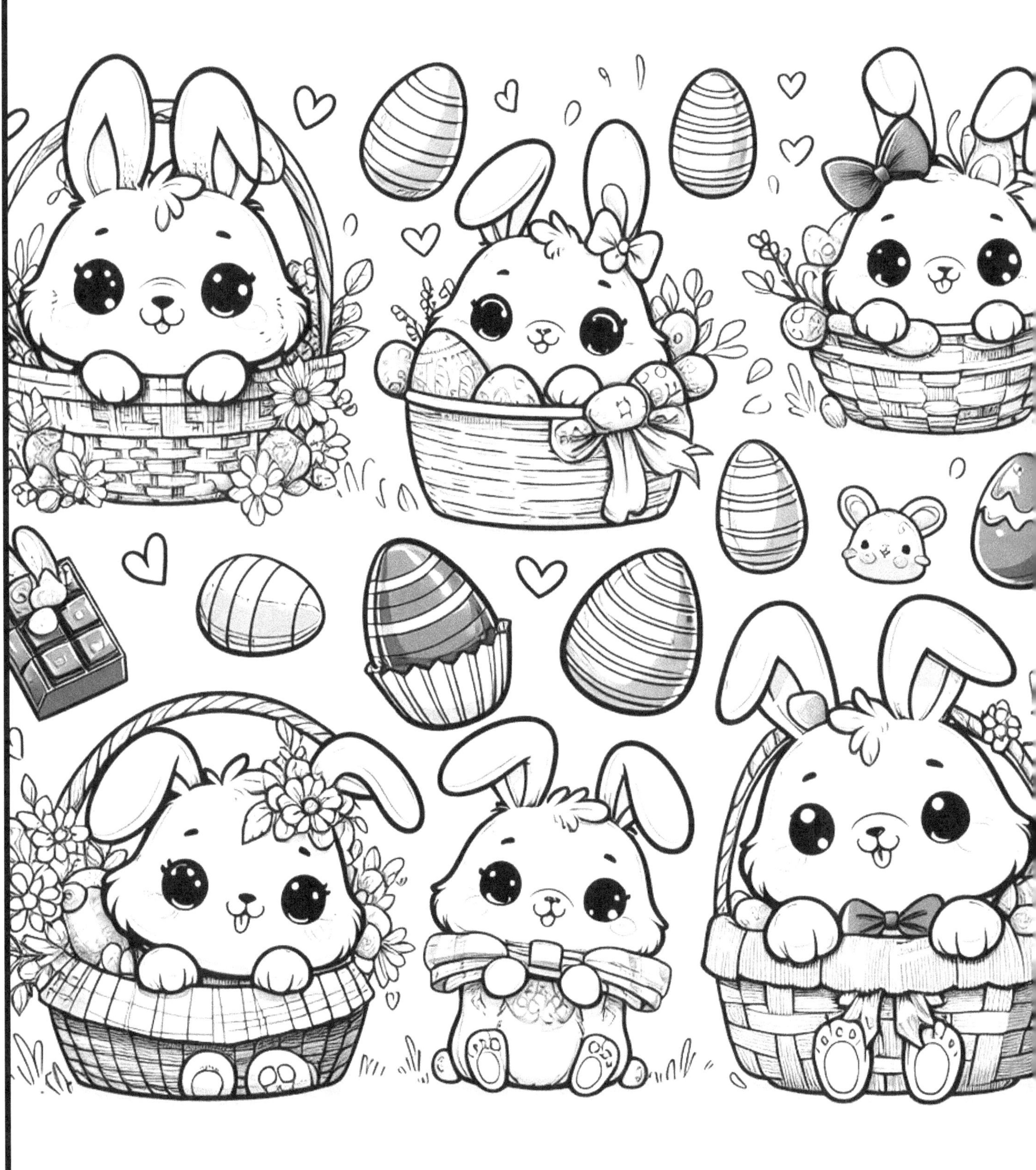

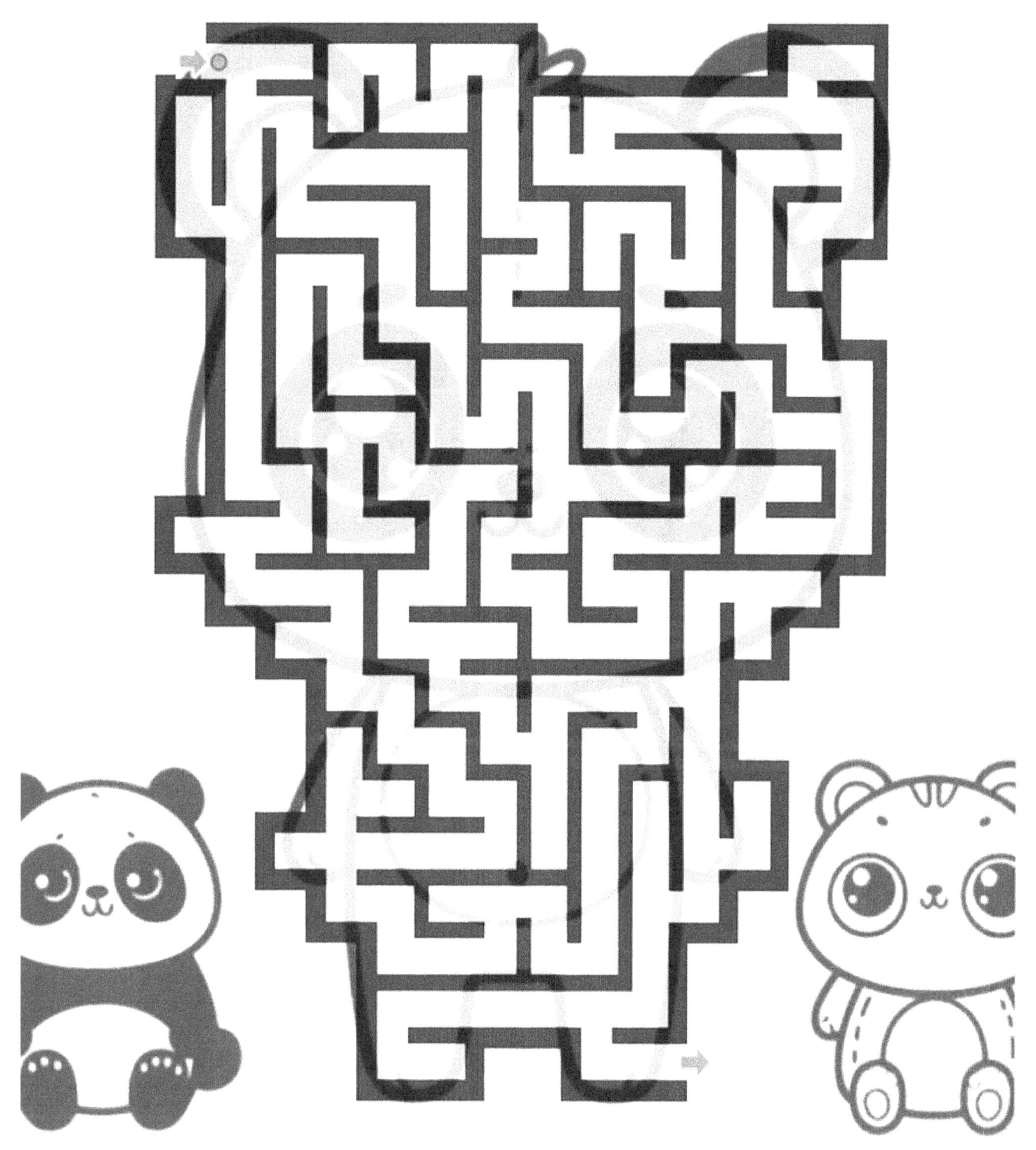

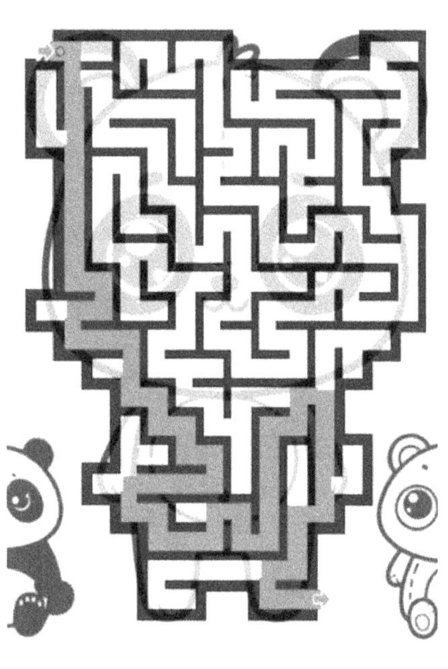

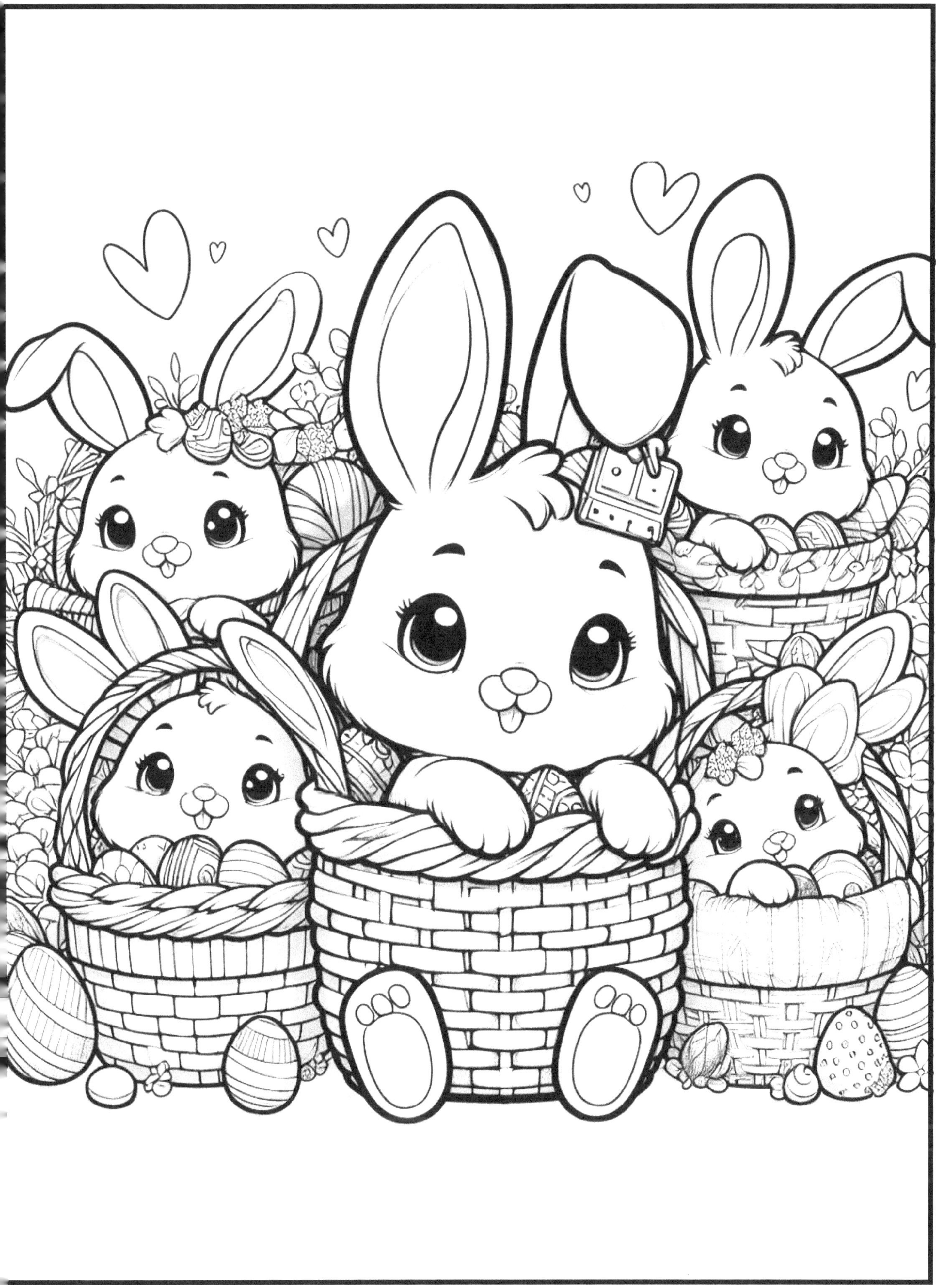

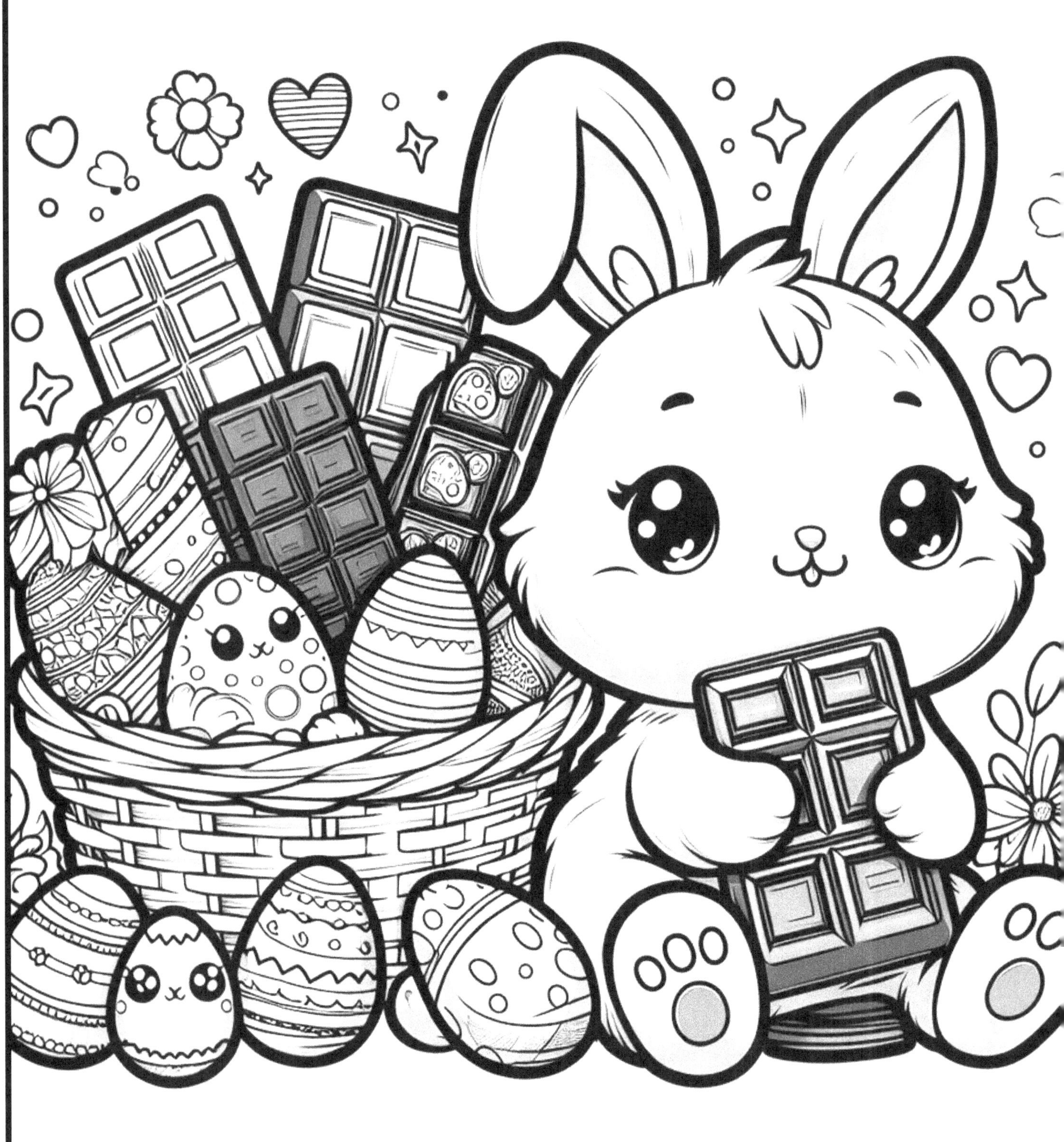

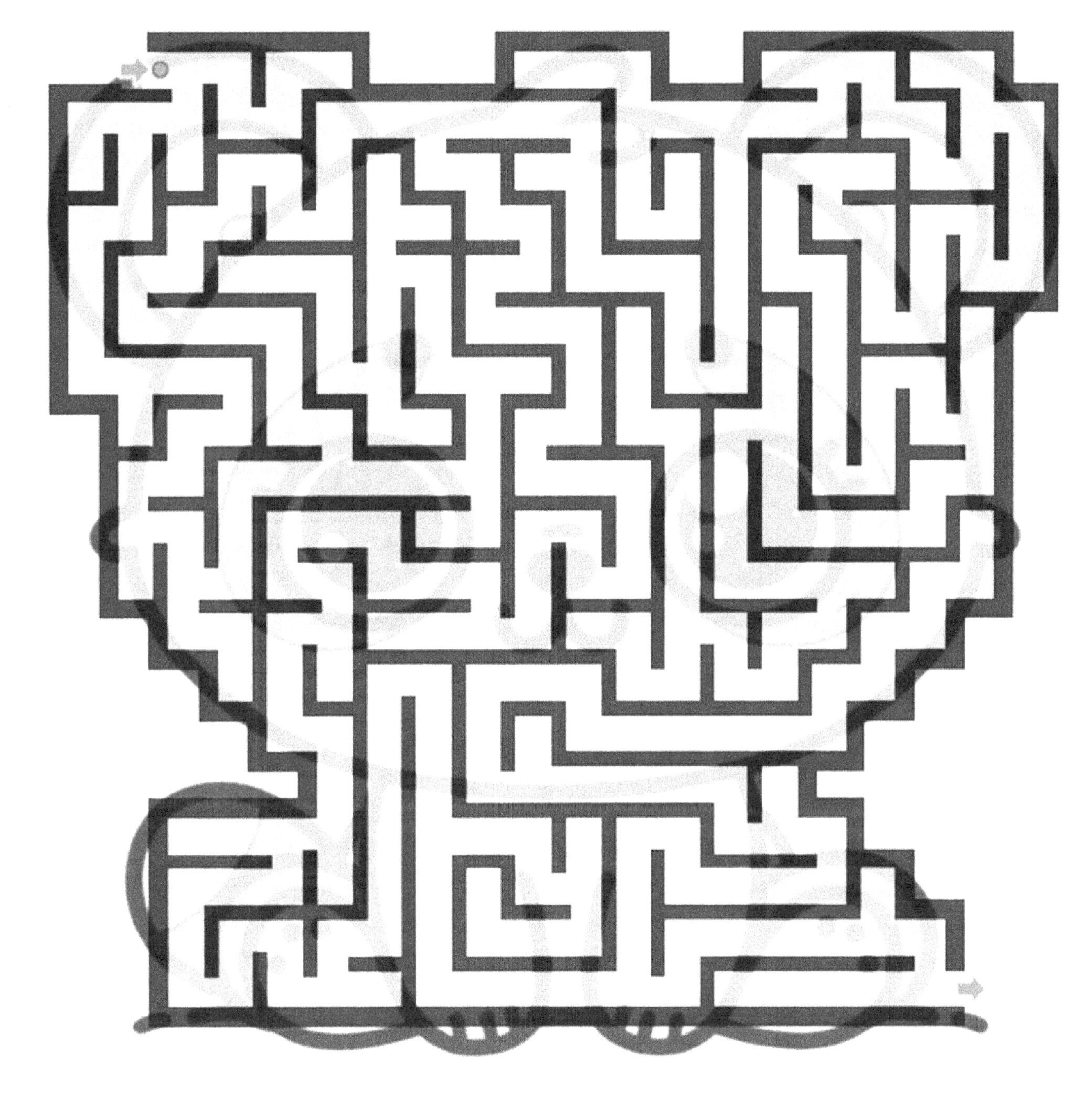

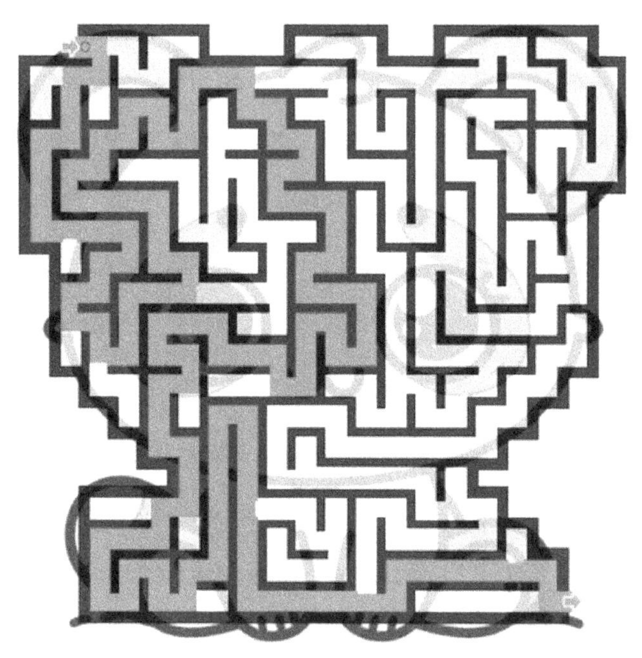

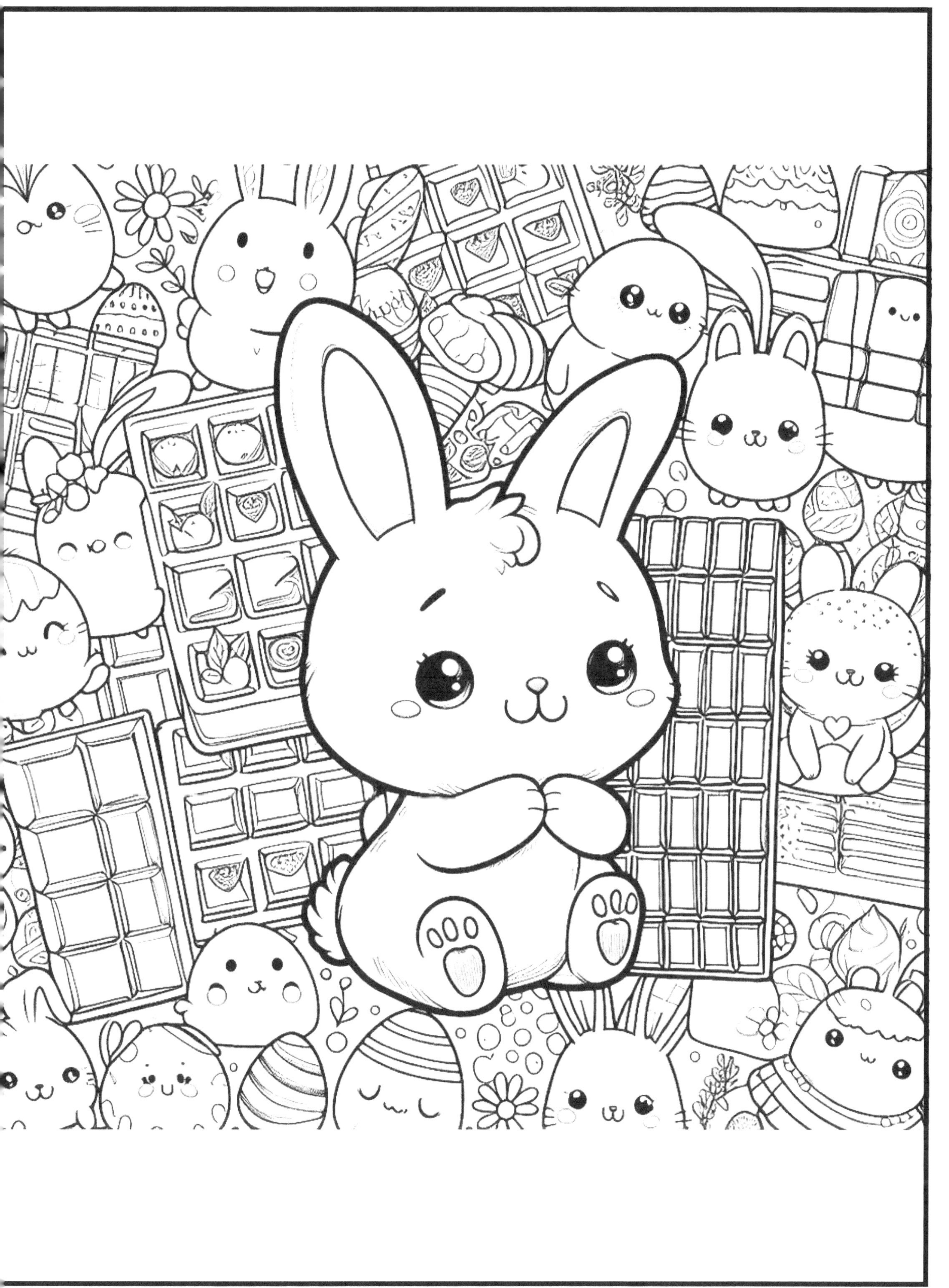

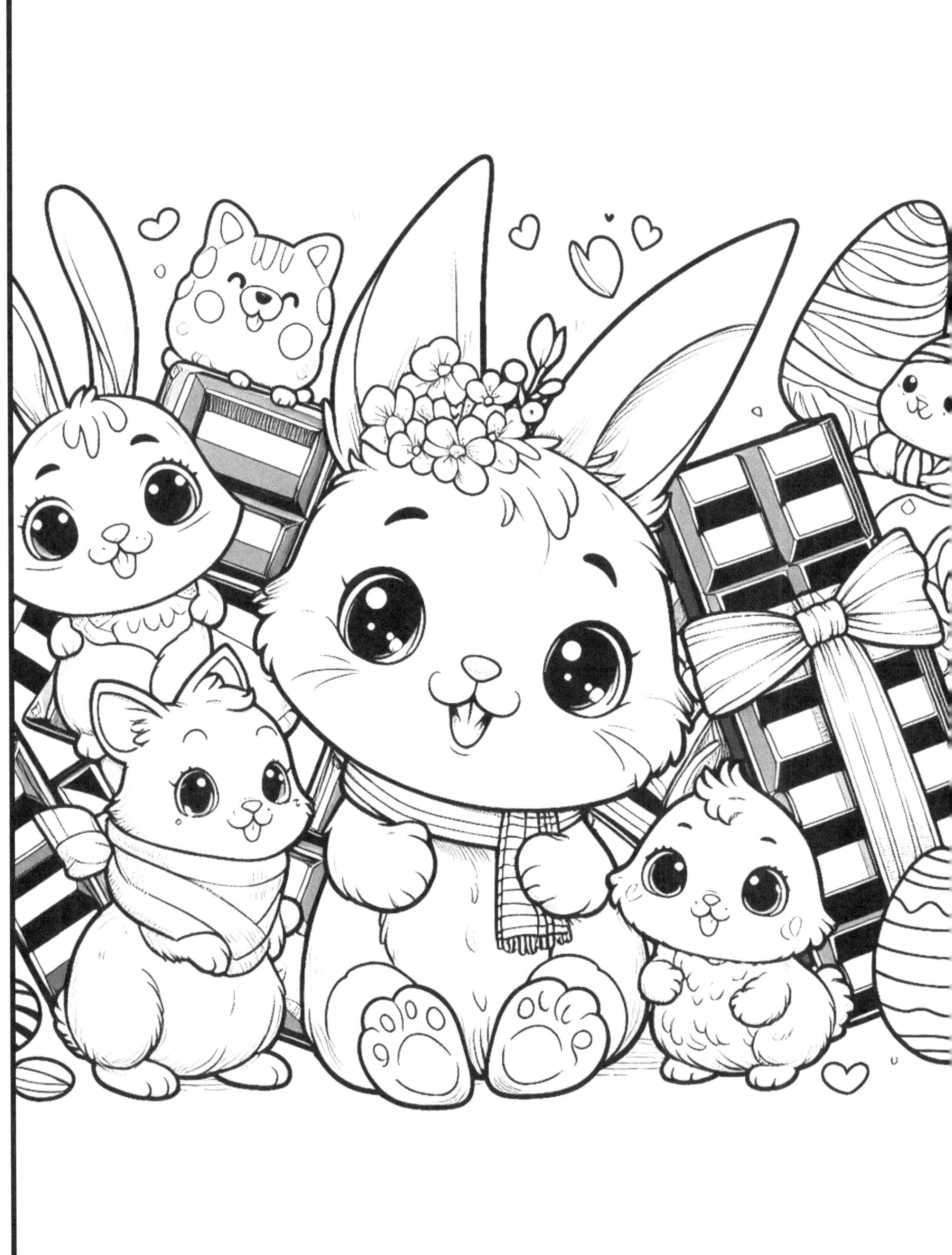

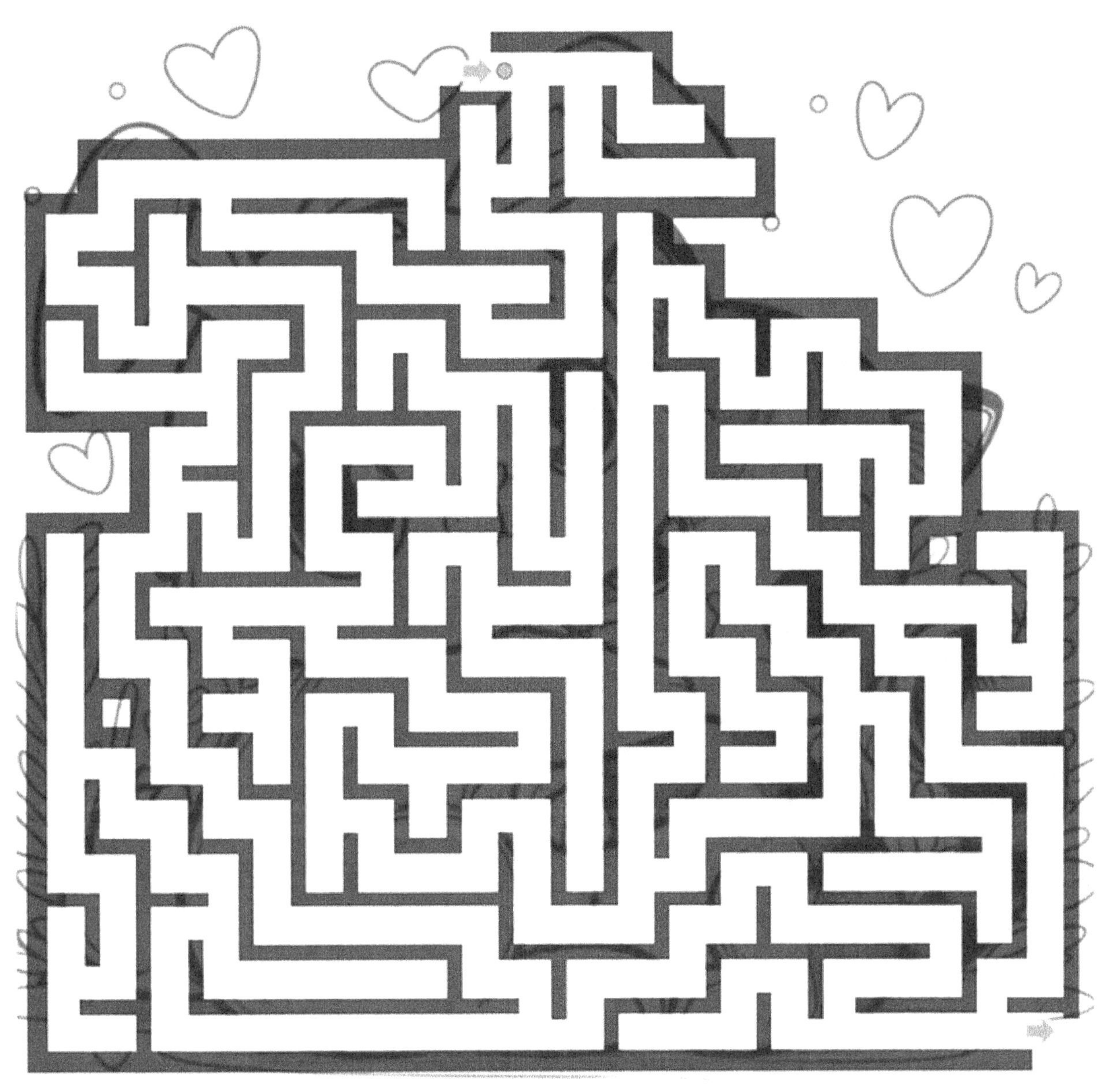

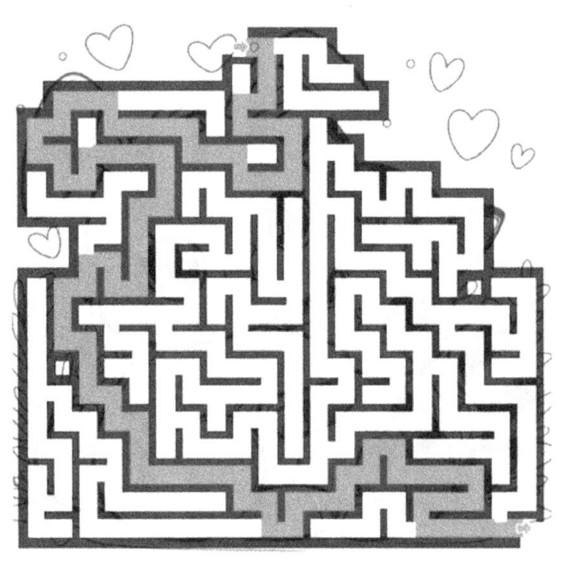

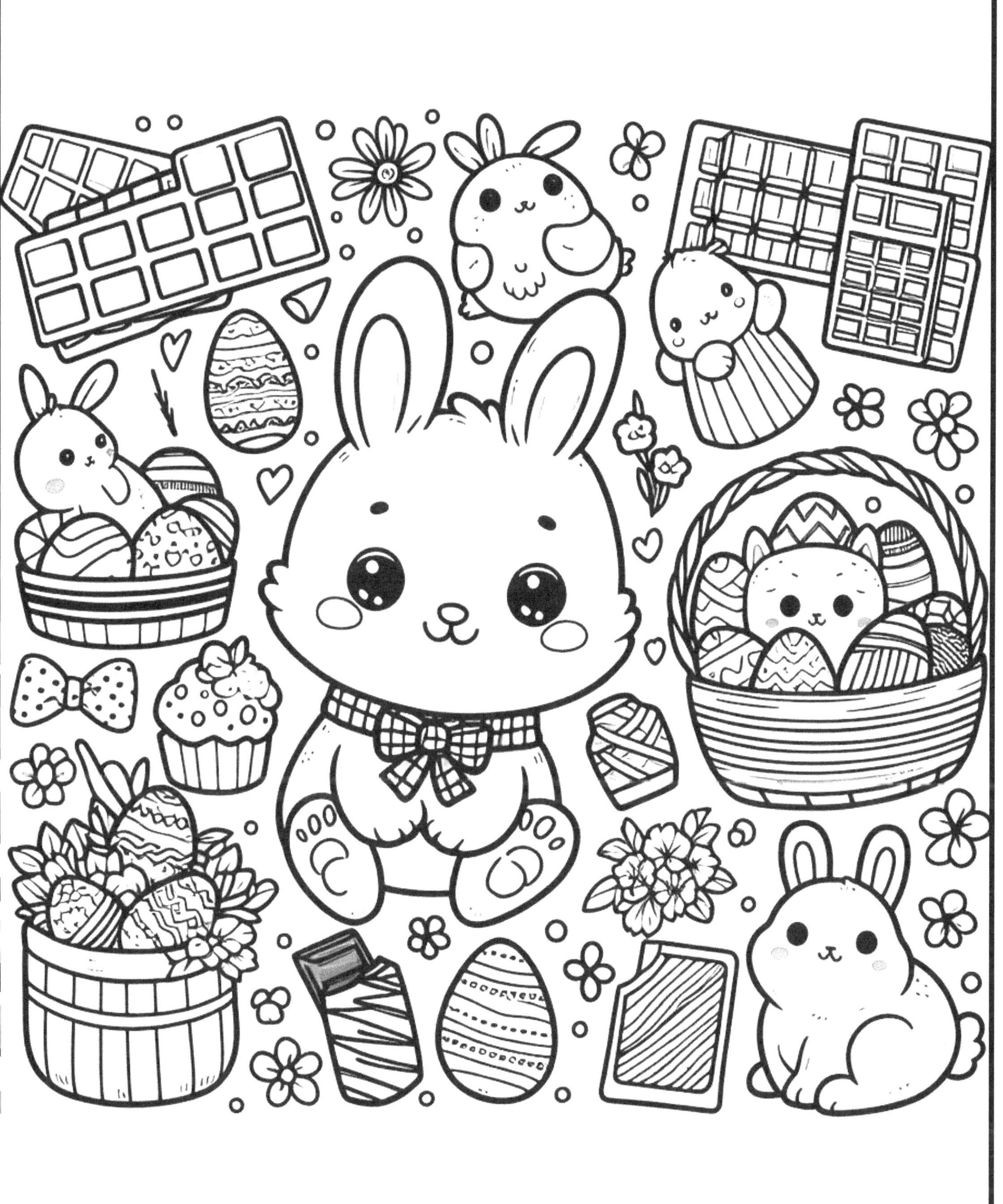

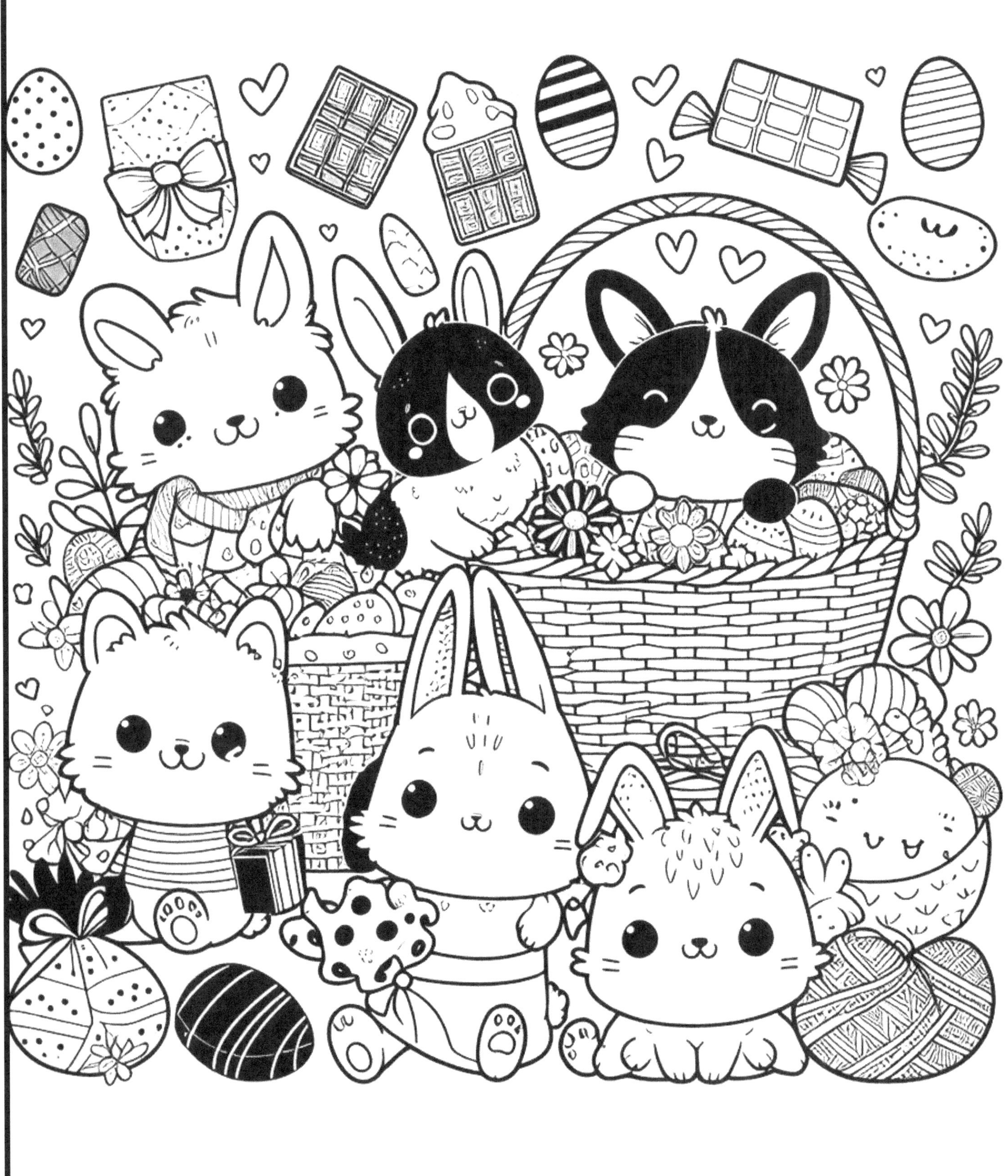

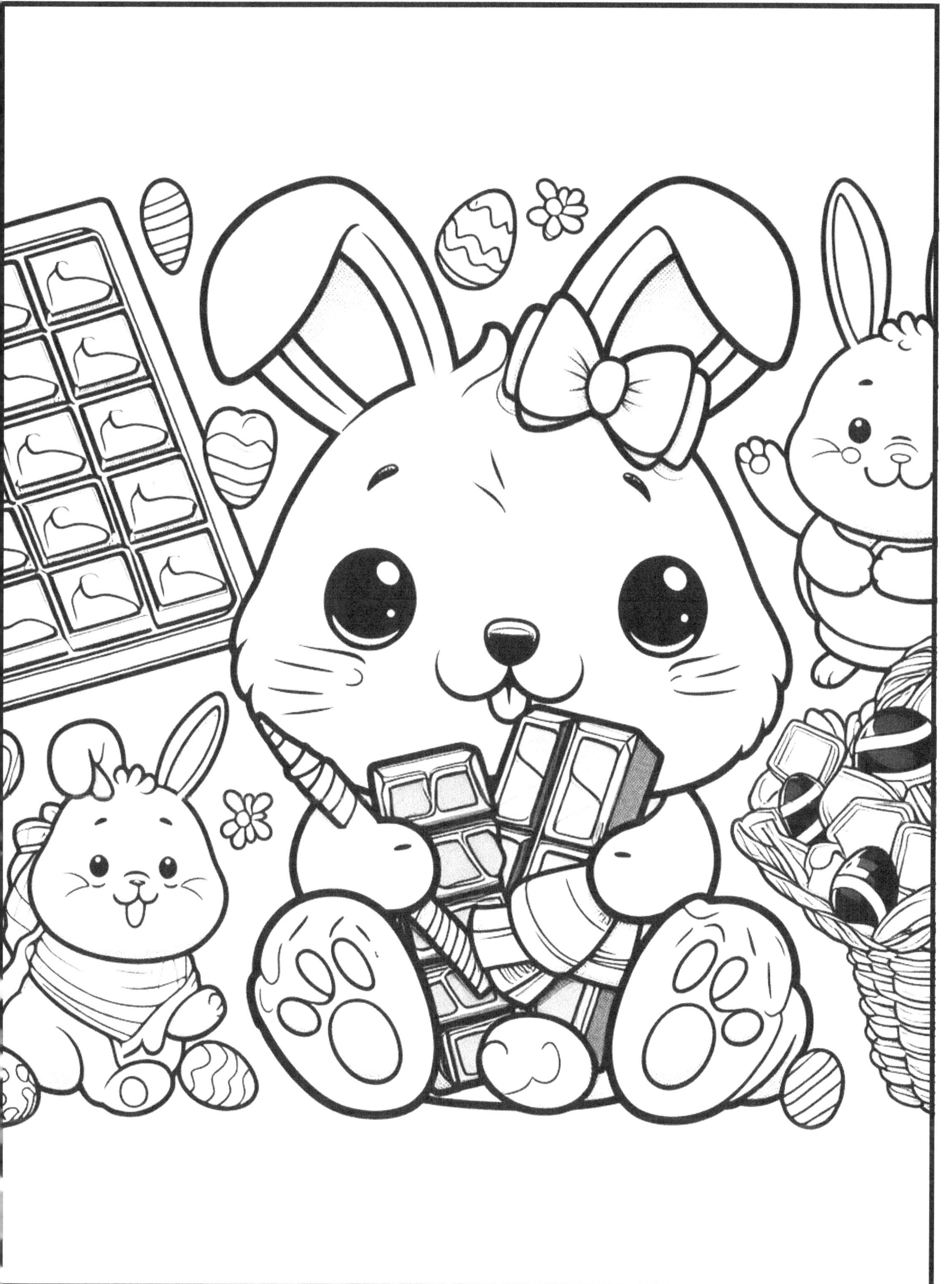

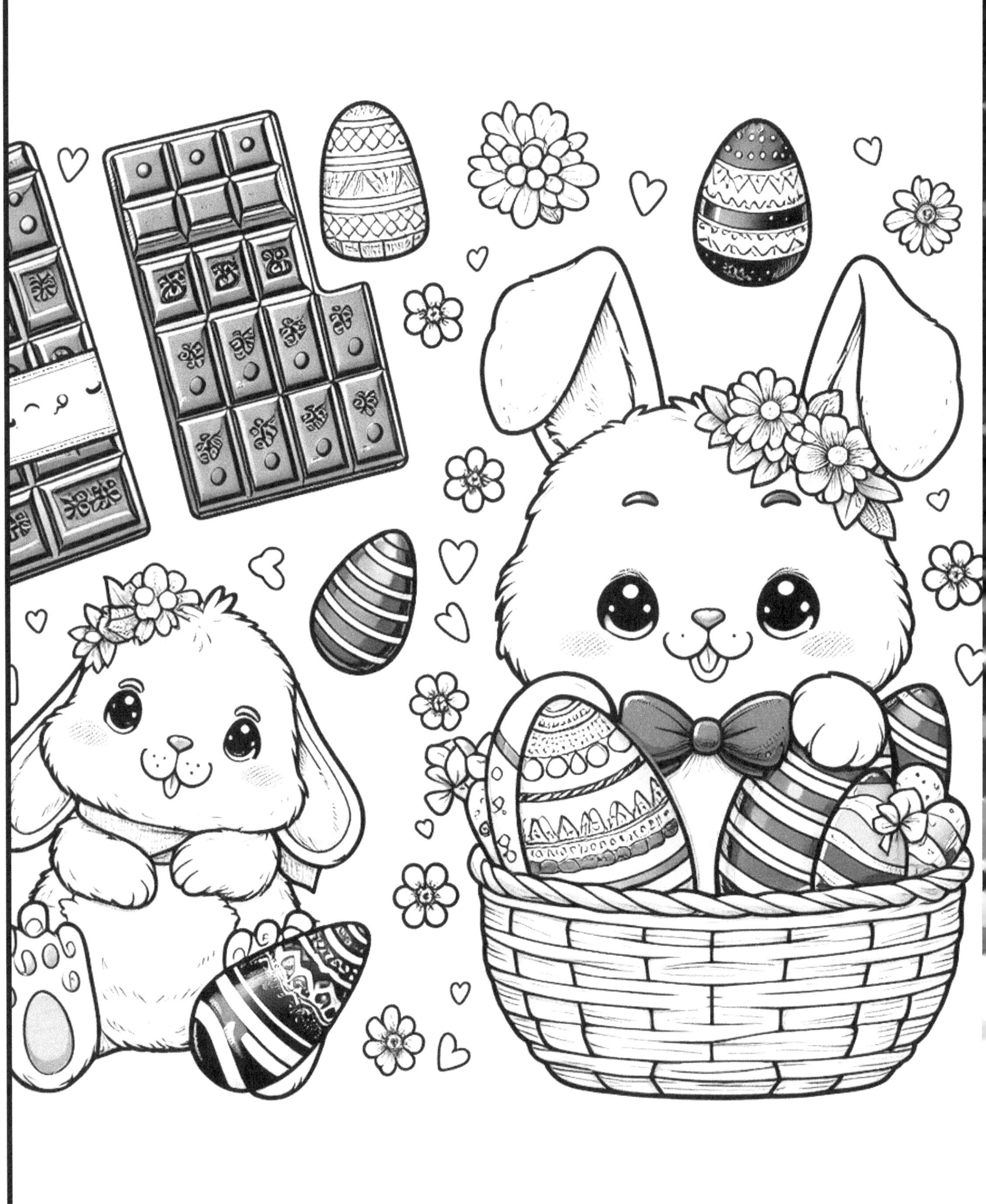

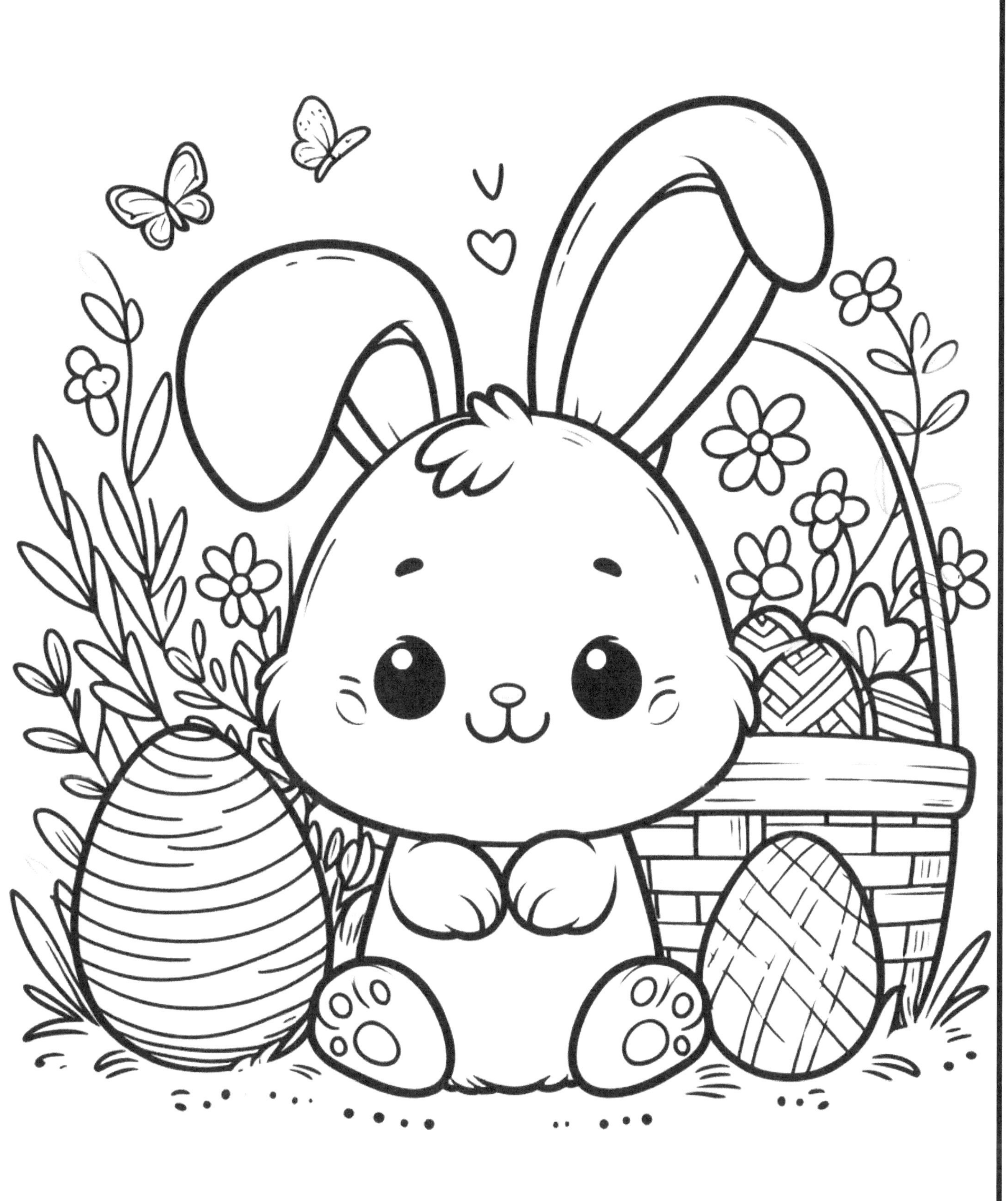

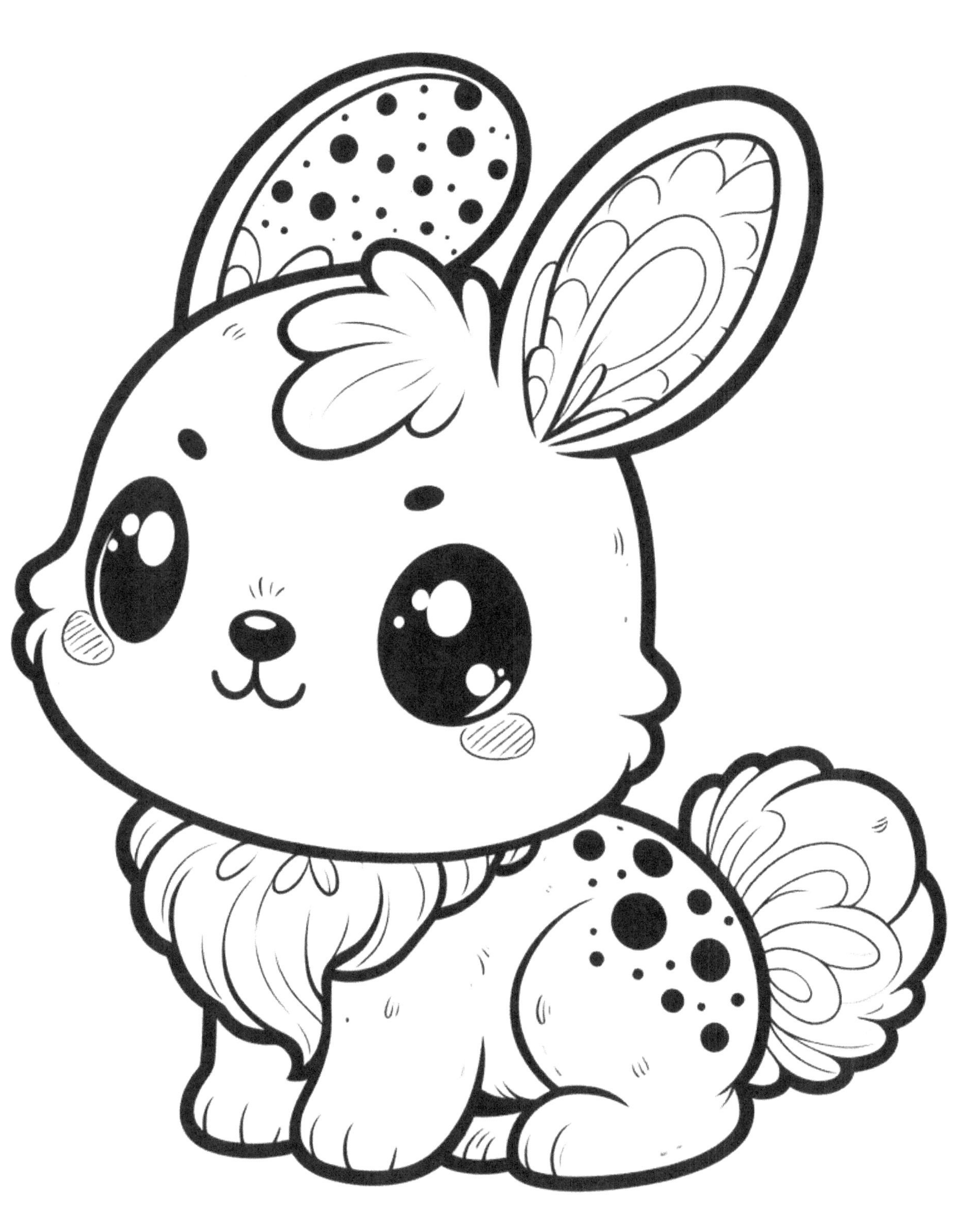

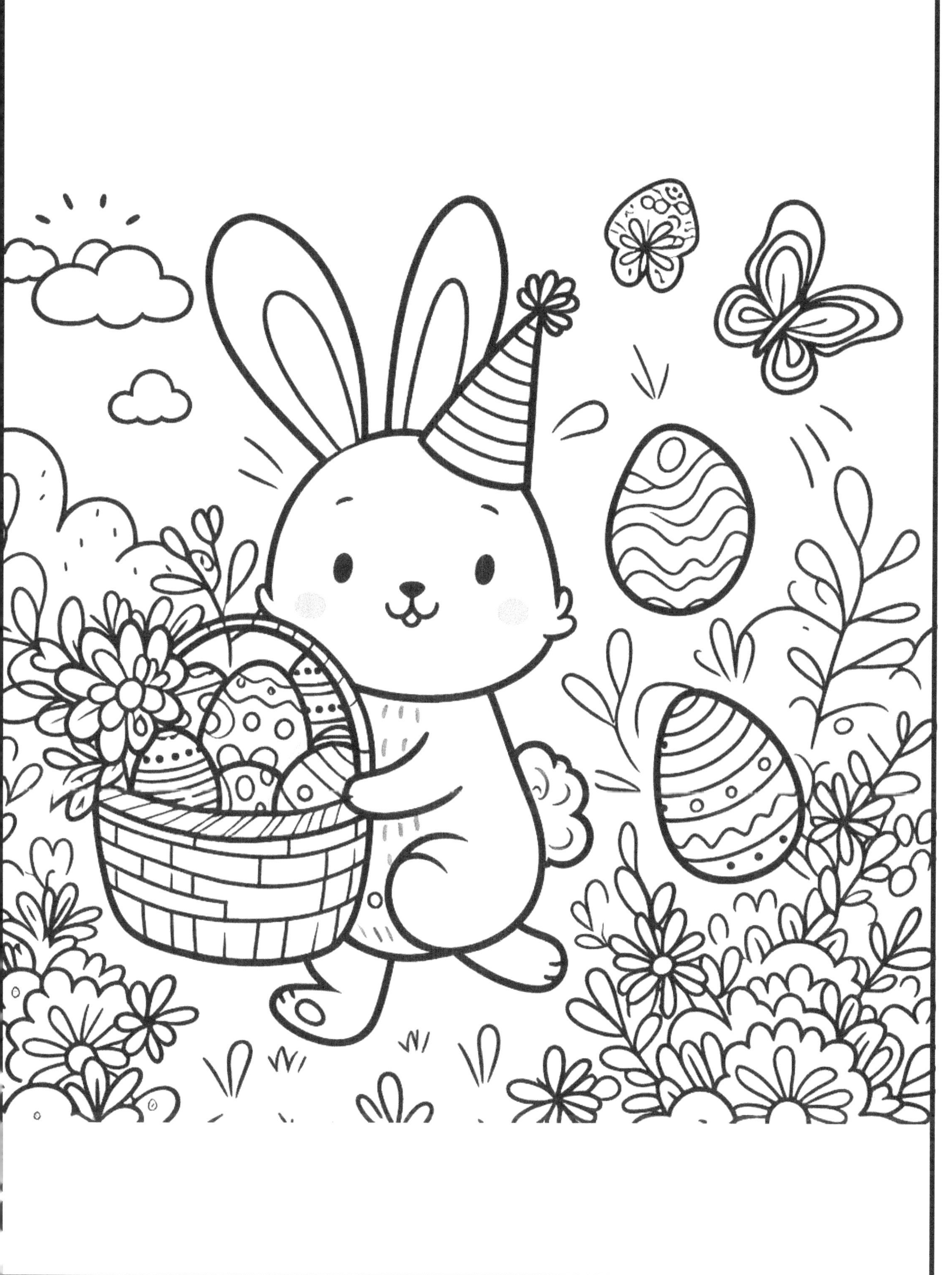

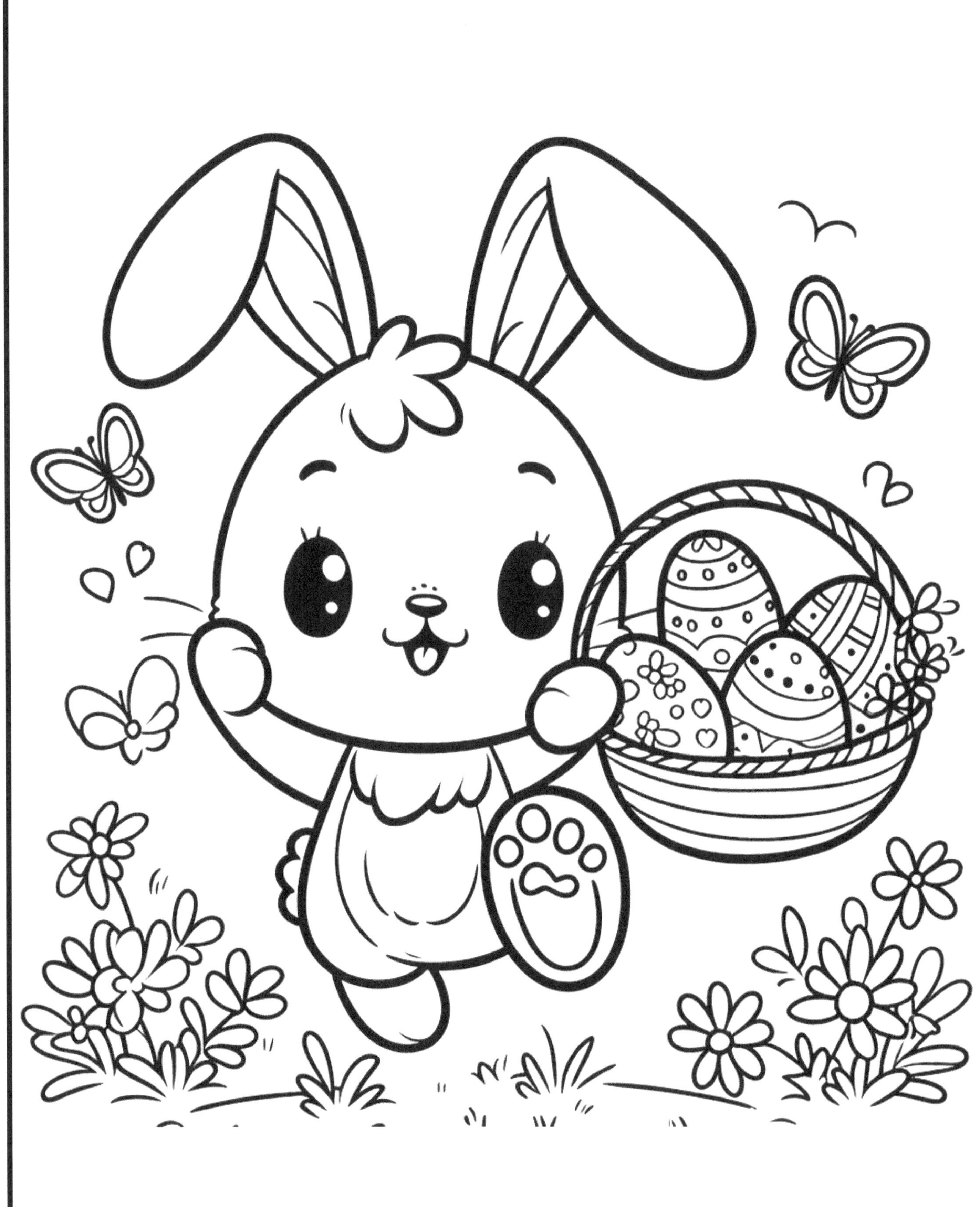

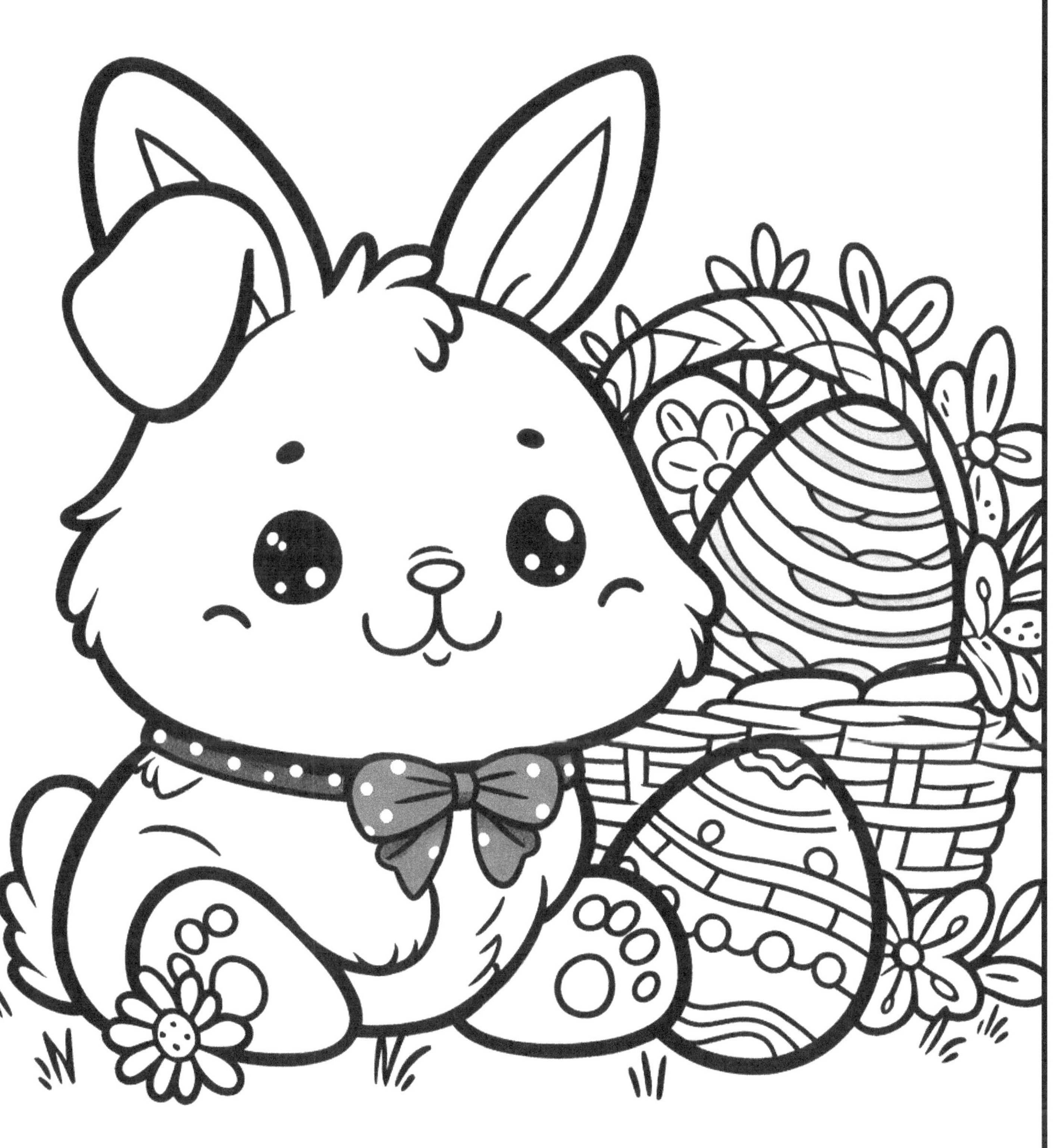

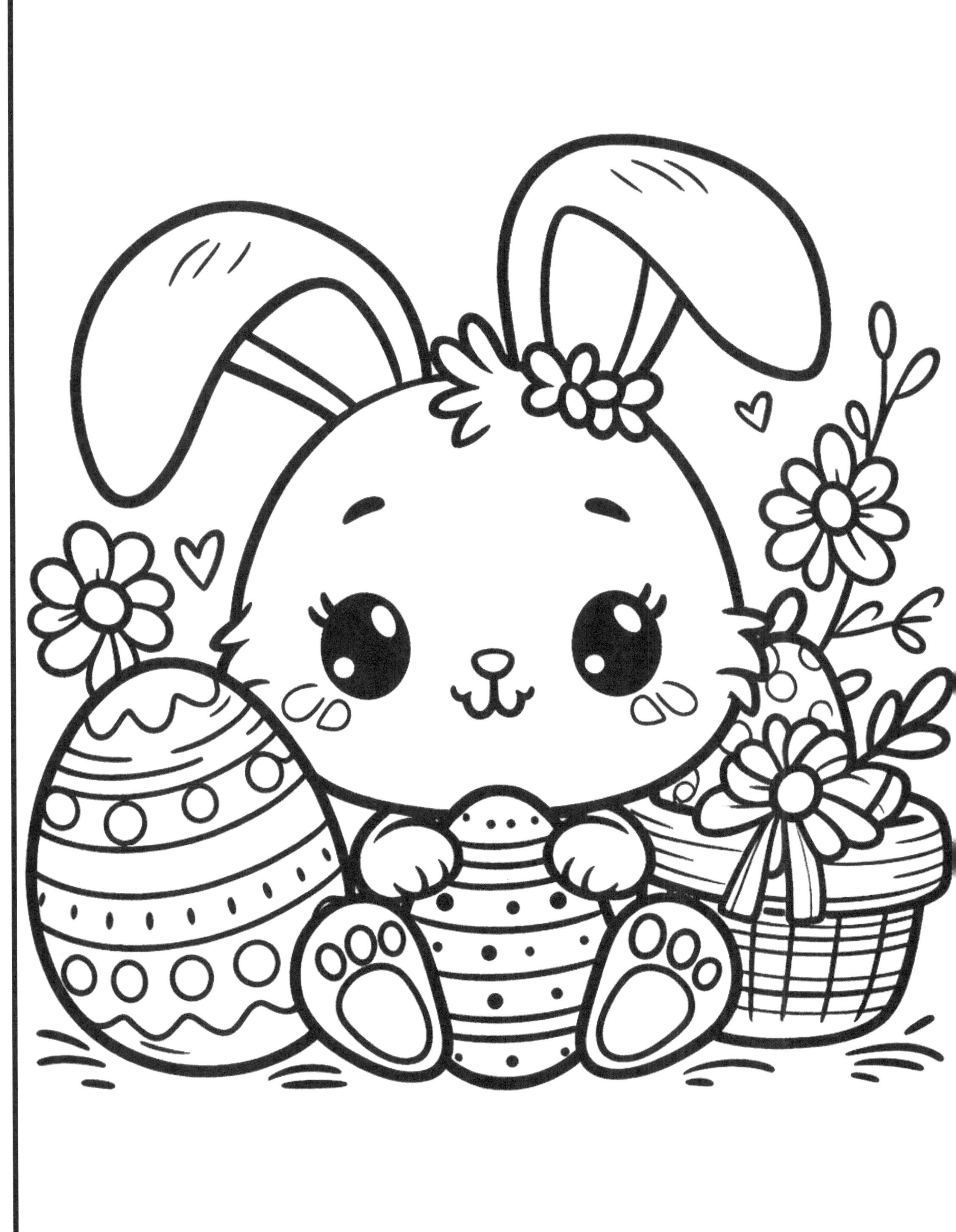

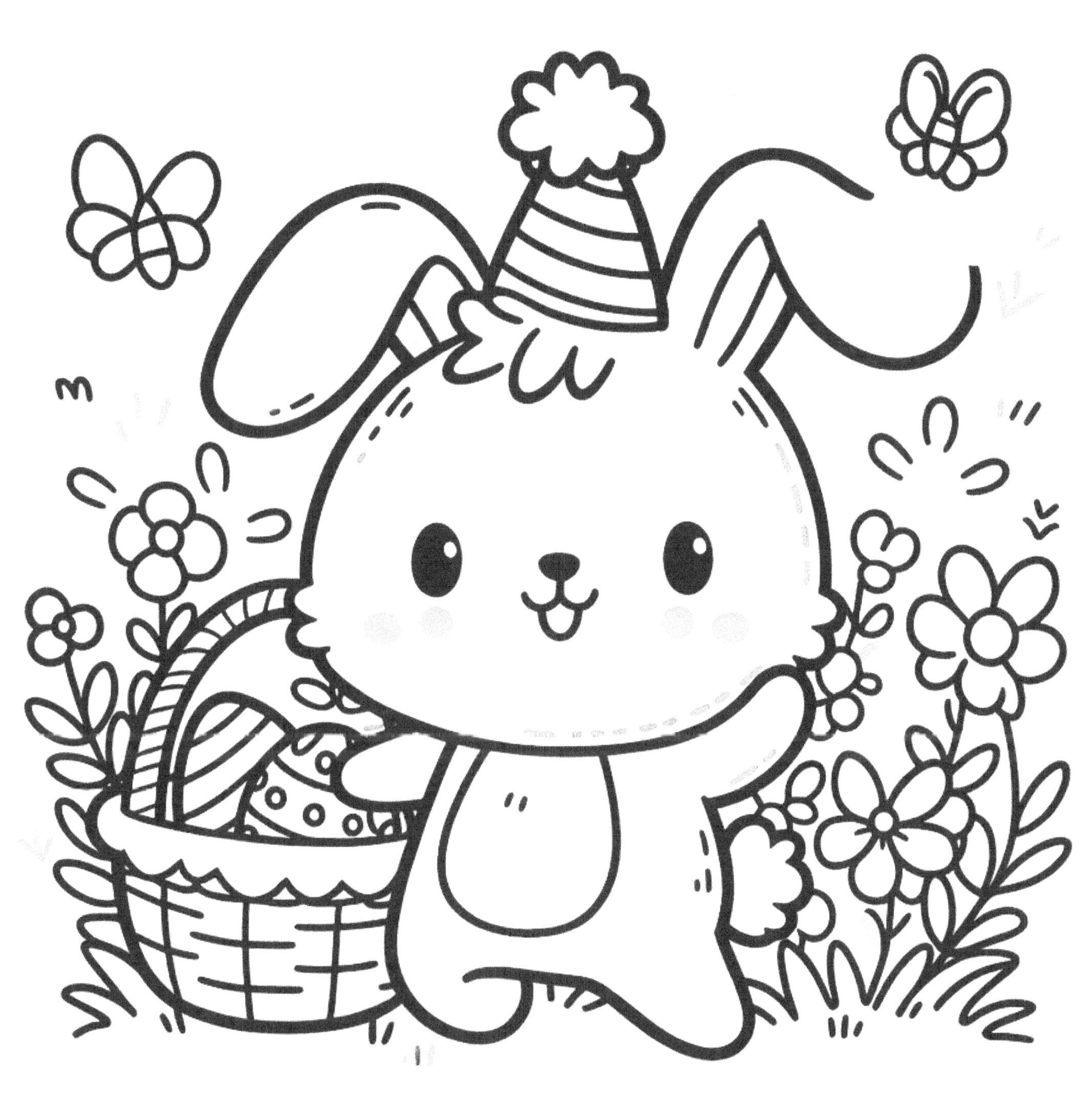

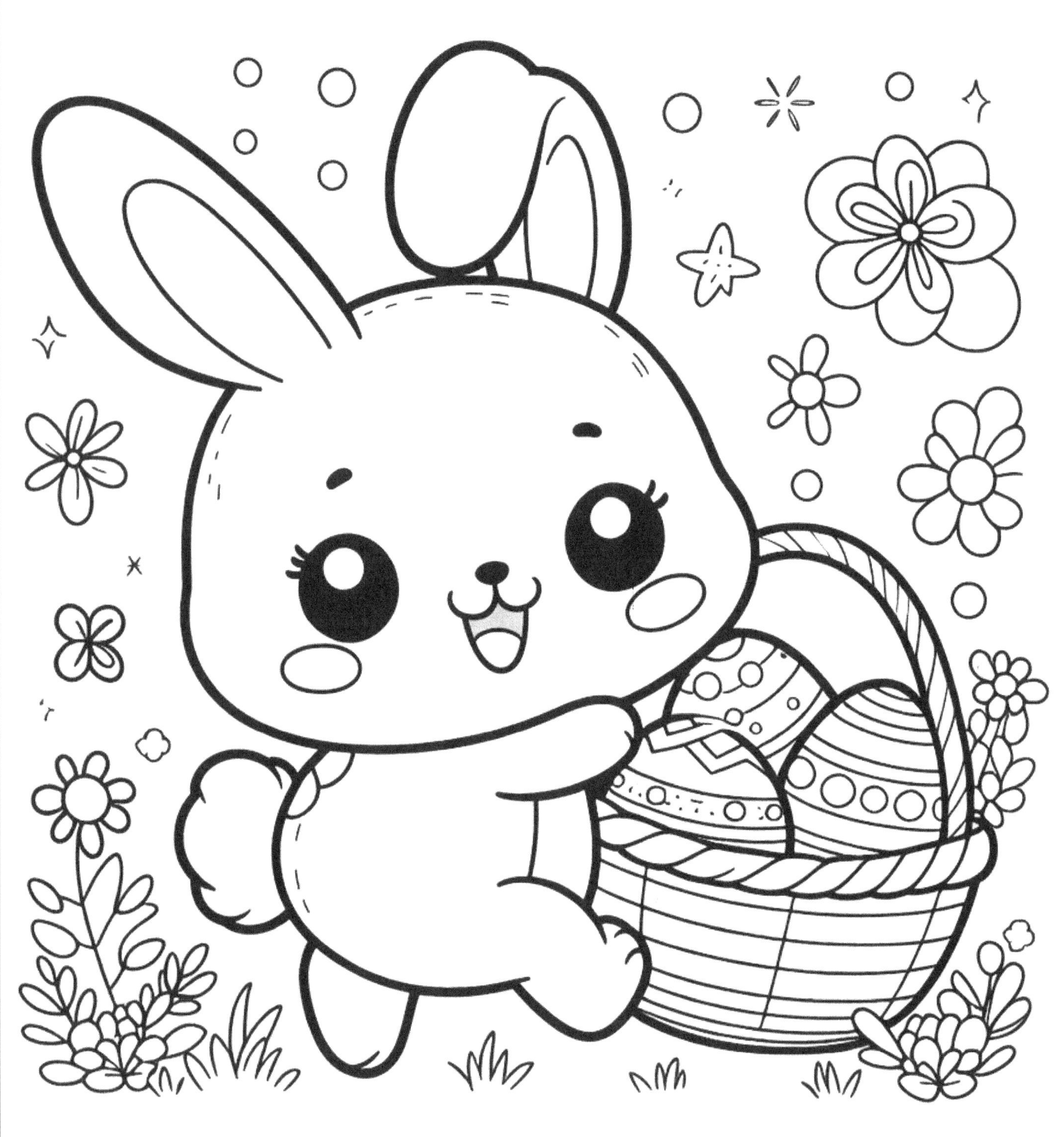

CONNECT
THE DOTS

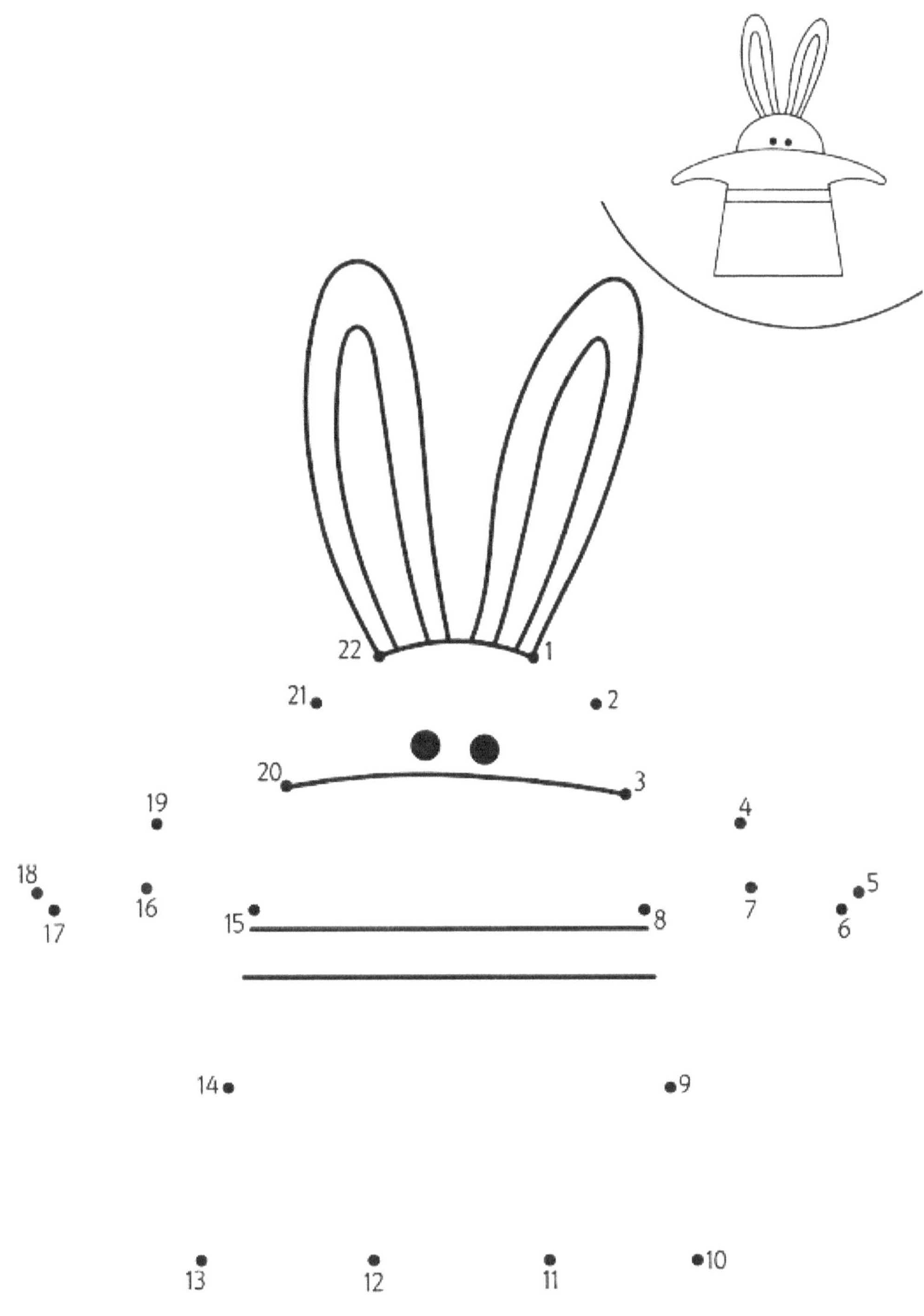

CONNECT THE DOTS

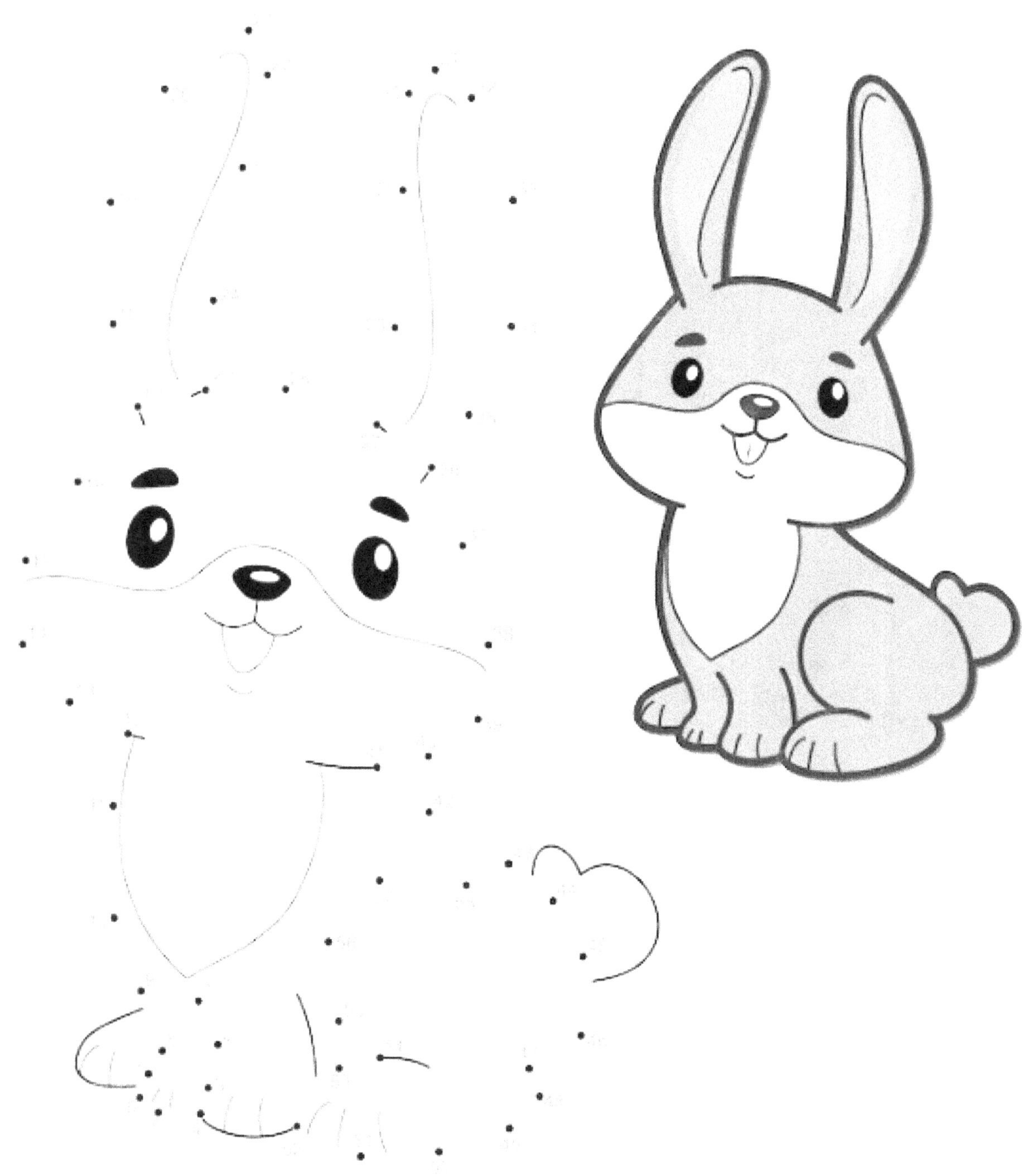

CONNECT
THE DOTS

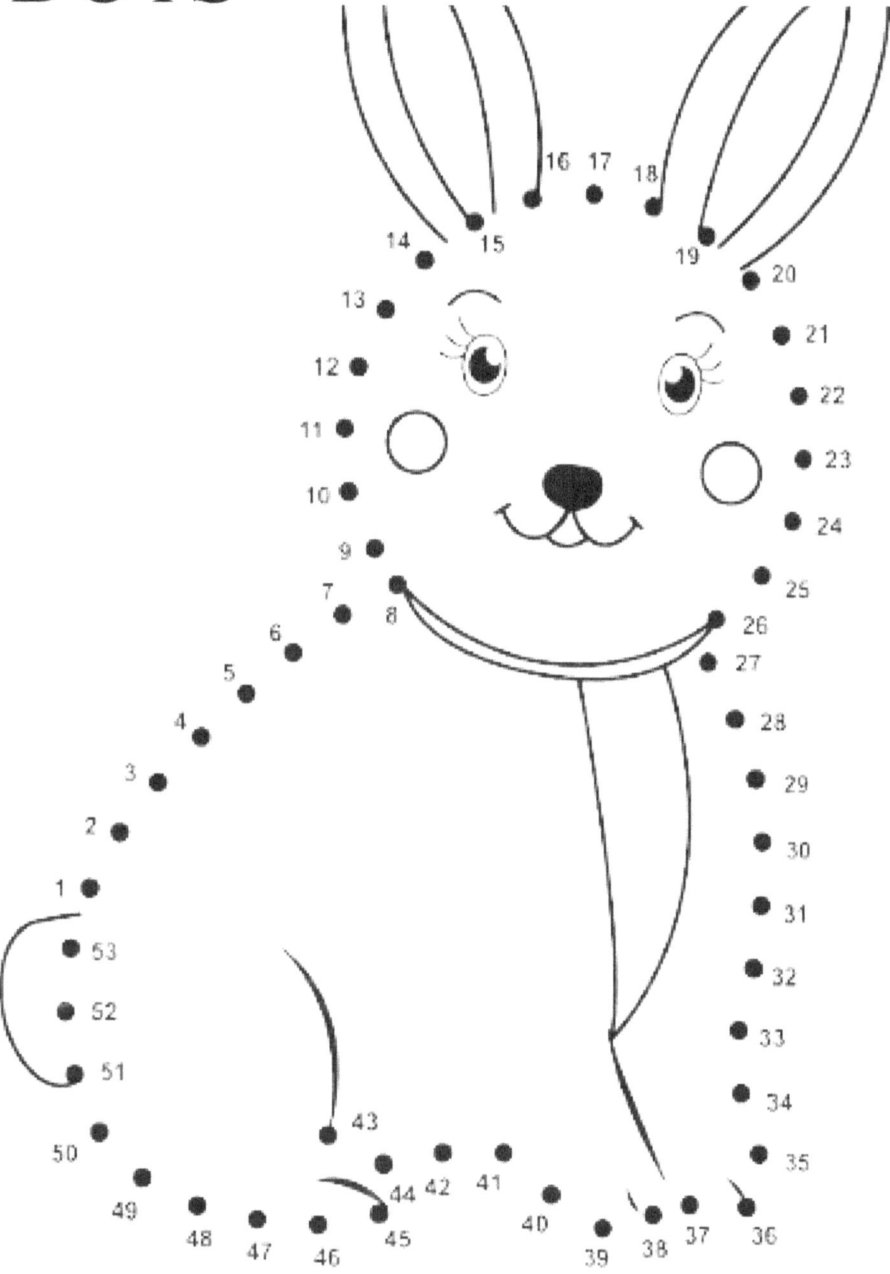

CONNECT
THE DOTS

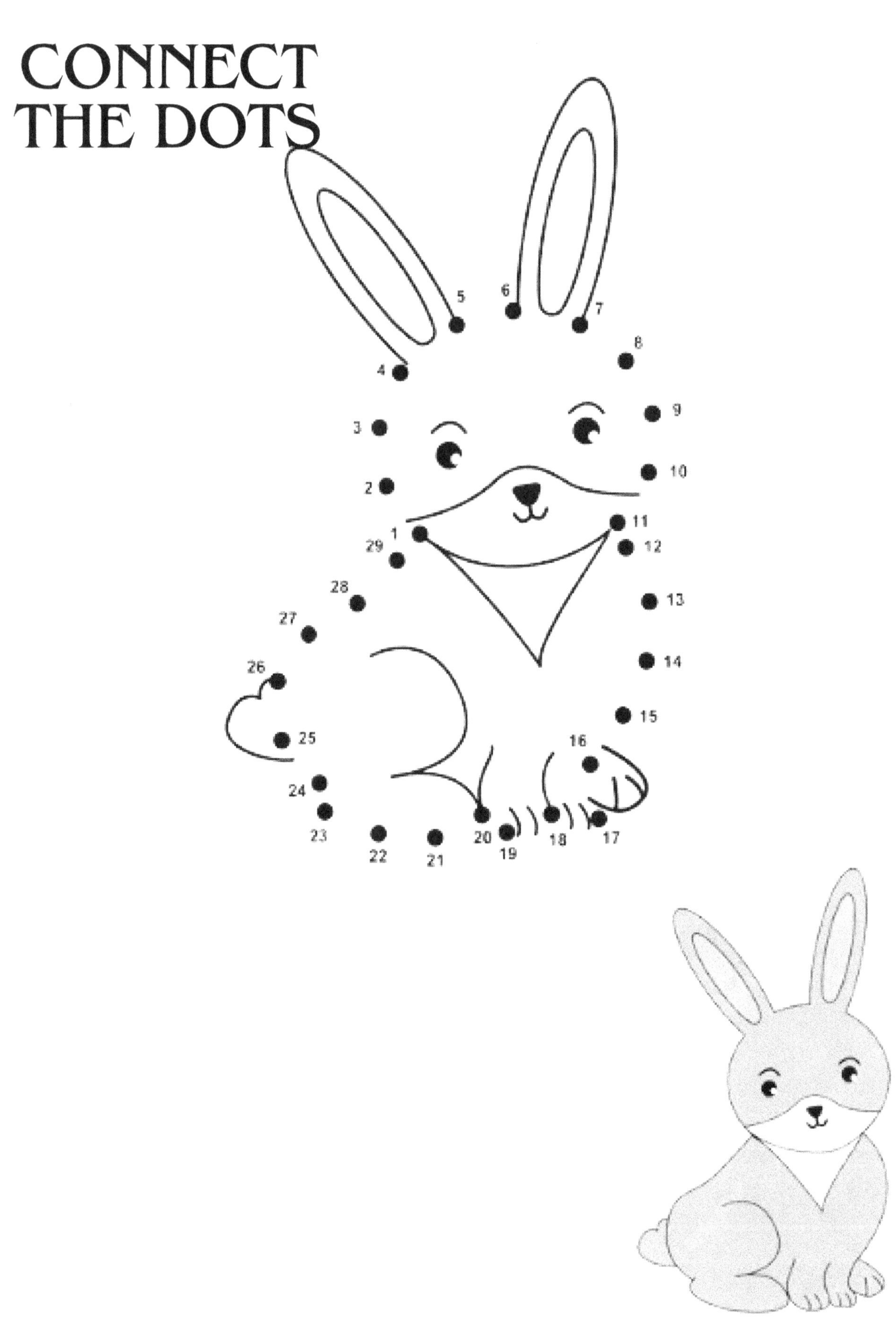

CONNECT
THE DOTS

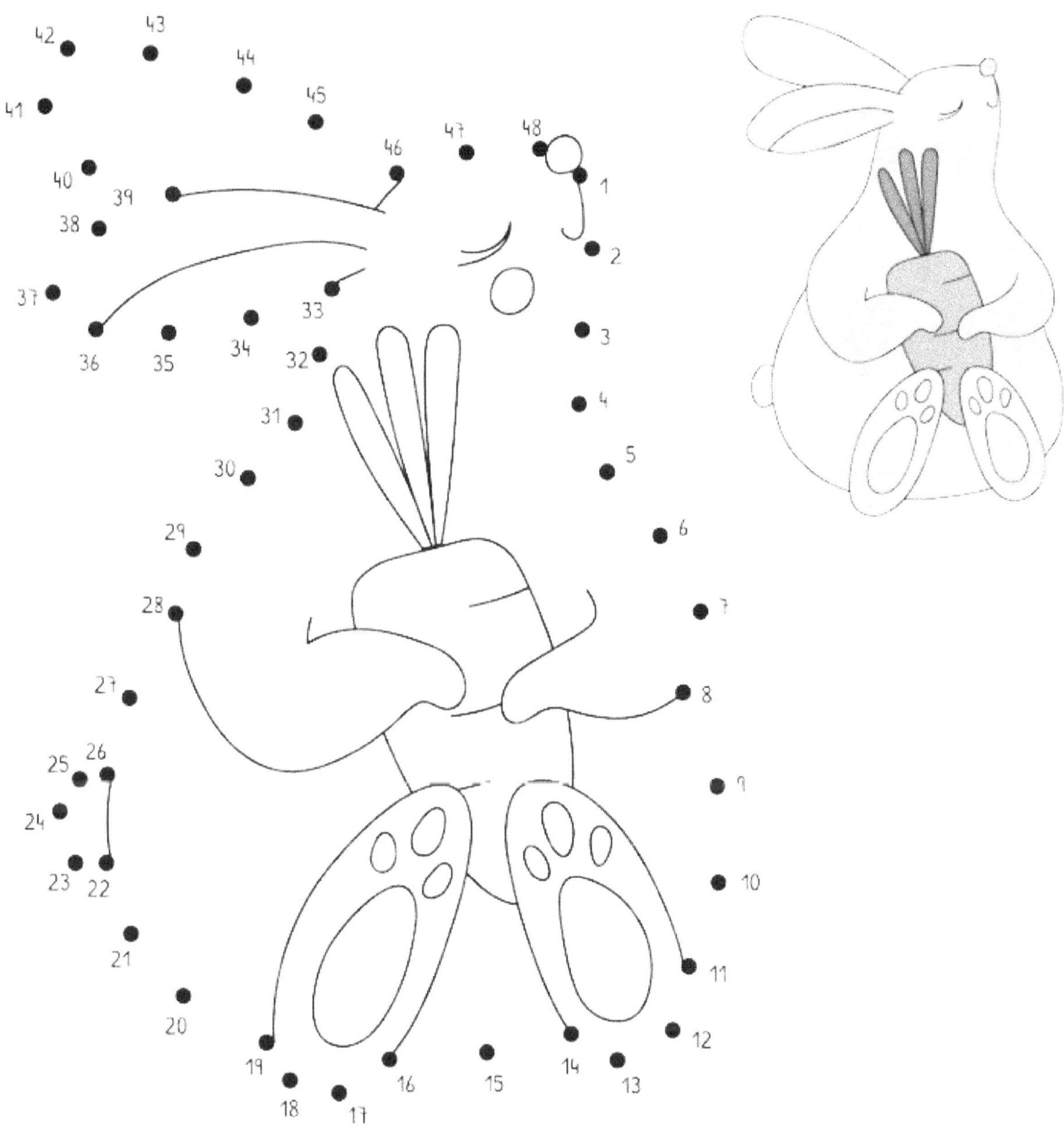

CONNECT
THE DOTS

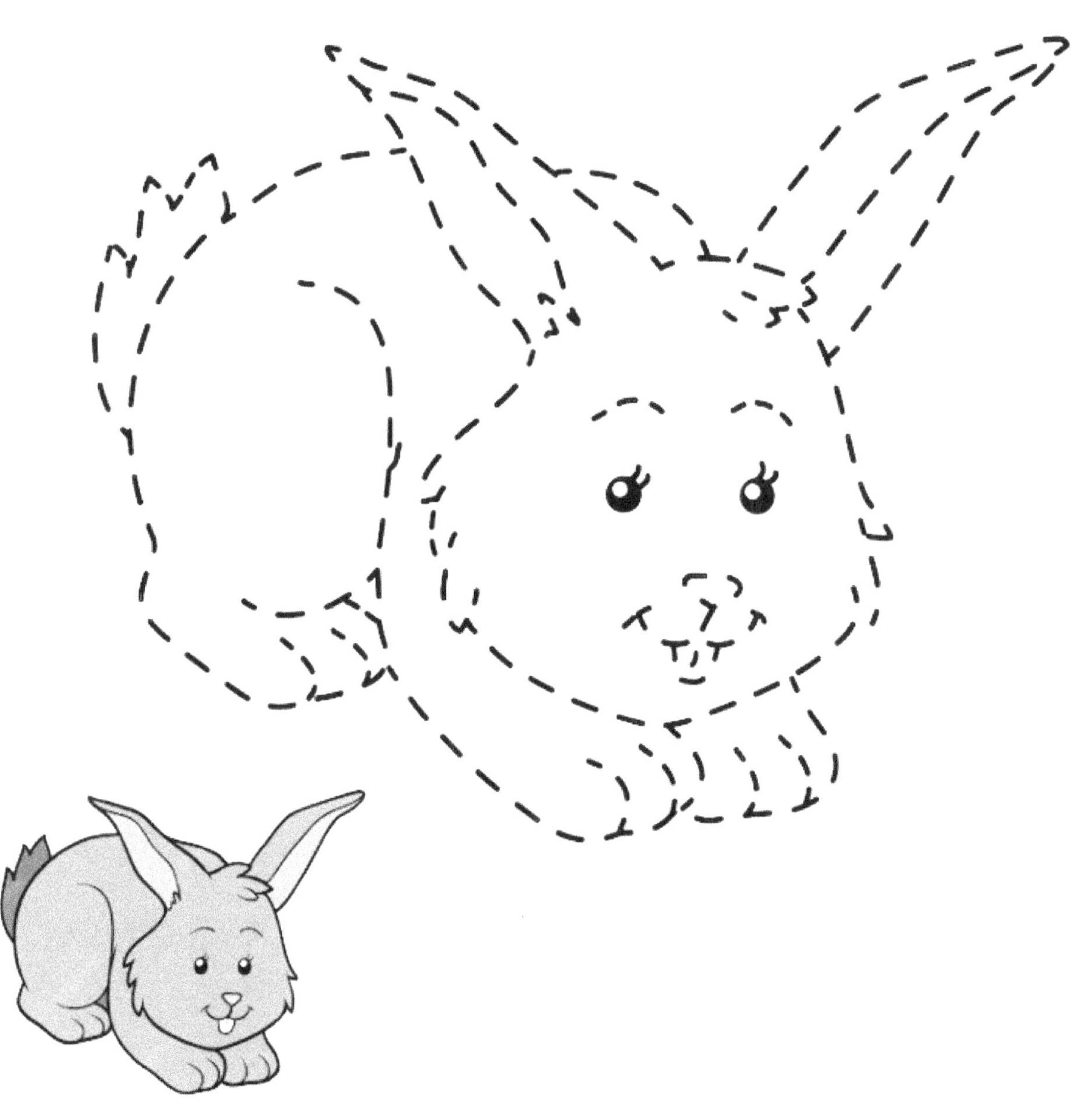

CONNECT
THE DOTS

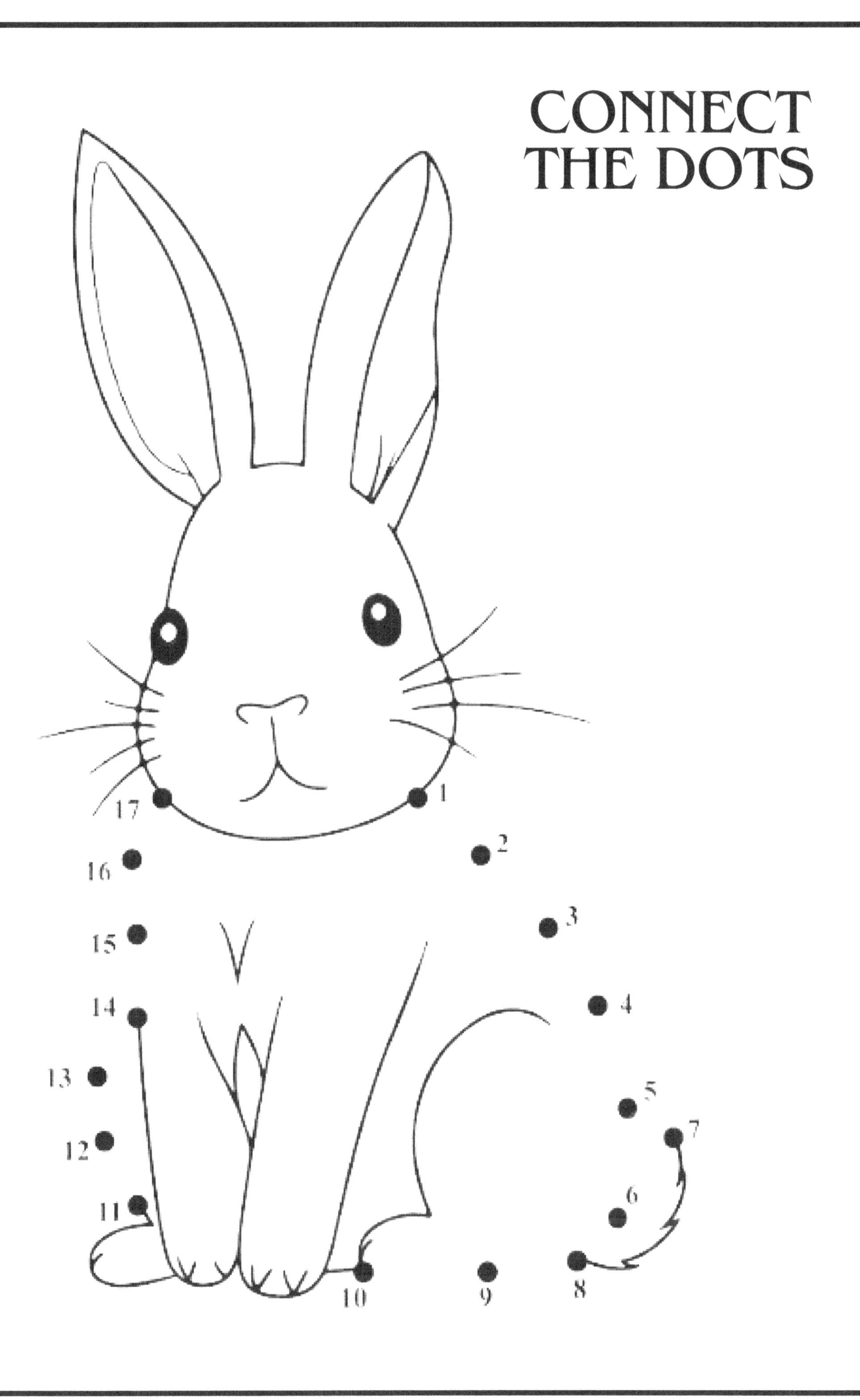

CONNECT THE DOTS

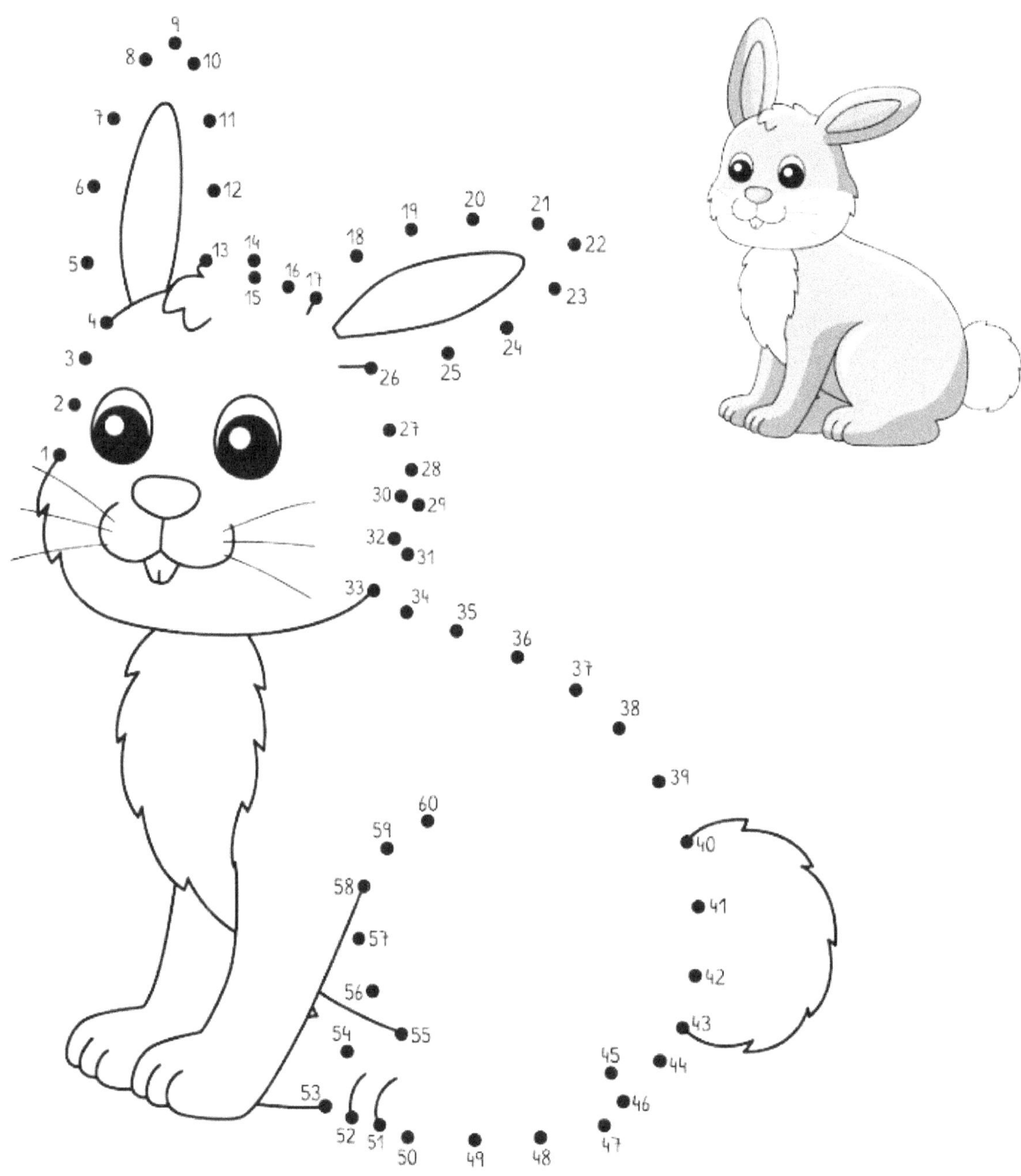

CONNECT
THE DOTS

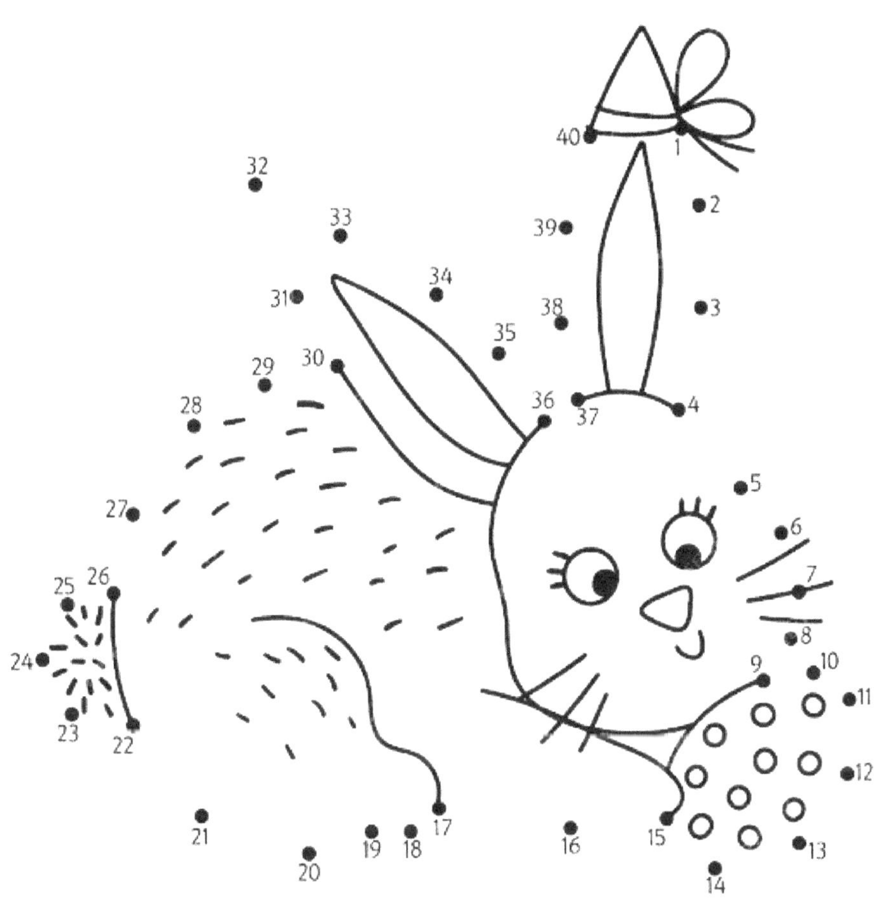